로봇공학자 마스터플랜

로봇공학자 마스터플랜

초판1쇄발행 2021년 10월 15일

지은이	theD마스터플랜연구소(김학민)
발행인	조상현
마케팅	조정빈
편집인	김유진
디자인	김희진

펴낸곳	더디퍼런스
등록번호	제2018-000177호
주소	경기도 고양시 덕양구 큰골길 33-170
문의	02-712-7927
팩스	02-6974-1237
이메일	thedibooks@naver.com
홈페이지	www.thedifference.co.kr

ISBN   979-11-61253-24-4 03370

더스 | 더디 | 더디퍼런스 | 마이북

십대가 되고 싶은 직업 로드맵

로봇공학자
마스터플랜

theD마스터플랜연구소 지음

더디퍼런스

작은 꿈에서 시작하는 로봇공학자

4차 산업혁명 시대가 다가오고 있다. 4차 산업혁명으로 맞이할 미래는 행정, 교육, 금융, 공업 등 사회 전반적인 분야가 지능화를 이룬 세상이다. 그 똑똑한 세상을 창조하는 일에 로봇, 인공지능, 빅데이터(Big data), 가상현실(VR), 사물인터넷과 같은 혁신 기술이 중심이 된다. 4차 산업혁명은 혁신 기술로 세상을 바꾸는 기술혁명이다.

4차 산업혁명의 핵심 기술 가운데 하나인 로봇 기술은 로봇공학자의 전문 분야이다. 로봇공학자는 자신만의 뛰어난 기술로 로봇을 만들어 세상에 내놓는다. 그 목적은 저마다 다를 수 있겠지만 대체로 삶의 행복을 위해서다. 4차 산업혁명의 목적도 기술로 더 나은 세상을 이룩하는 데 있다. 혁명은 세상을 망치려드는 행동이 아니다. 행복한 세상을 향한 움직임이다.

기술혁명으로 행복한 미래를 선사할 로봇공학자가 되는 방법은 무엇일까? 로봇공학자는 어떤 삶을 살고, 어떤 미래를 맞이할까? 로봇공학자가 만든 로봇과 더불어 사는 세상은 어떤 모습일까?《로봇공학자 마스터플랜》은 그 질문들에 대한 답변서다. 로봇공학자의 세계를 모르는 '로알못'들에게 그 신세계를 알려줄 소개서이기도 하다.

이 책의 1장은 로봇, 로봇공학, 로봇공학자의 개념을 세우는 단계다. 로봇의 존재 가치, 로봇과 인간의 관계, 로봇공학자가 로봇을 만드는 이유를 자세히 살펴볼 수 있다. 2장에서는 로봇공학자가 되는 과정을 체계적으로 배울 수 있다. 정규 교육과정의 장단점, 로봇 관련 자격증의 실효성, 로봇공학자의 직업 가치관 등을 알아본다.

3장은 로봇공학자의 현실을 간접체험할 수 있는 체험의 장이다. 로봇공학자가 로봇을 만들 때 얼마나 많은 구슬땀을 흘리는지, 로봇의 성공과 실패에 따라 로봇공학자의 삶이 어떻게 달라지는지를 생생하게 느낄 수 있다. 4장은 로봇과 함께하는 미래 사회에 대한 고민이다. 로봇공학자들은 '1인 1로봇 시대'를 예상하며 나름의 준비를 하고 있는 중이다. 장차 그 로봇의 주인이 될 청소년은 로봇공학자의 준비 작업을 톺아보며 미래를 대비할 수 있다. 또한 로봇공학자를 꿈꾸는 청소년이라면 로봇공학자의 정체성을 미리 다지는 기회를 가질 수 있다.

미래 사회는 4차 산업혁명을 빼놓고 이야기하기 어렵다. 가장 가까운 미래 사회는 4차 산업혁명으로 변화한 사회일 것이다. 로봇공학자는 그 변화를 이끌 주역 가운데 하나다. 한마디로 혁명가이다. 세상이 로봇공학자에게 많은 것들을 기대하고 있다. 고령화 사회, 환경이 파괴된 사회, 재난이 빈번한 사회, 이 팍팍한 현대 사회를 살아가는 현대인들은 더 나은 사회를 목말라하고 있다. 많은 이들이 그 목마름을 로봇이 해소해줄 거라고 믿고 있다.

'혁명가'라는 이름이, '혁명'이라는 과업이 부담스러울지도 모르겠다. 세상이 거는 기대가 무거운 짐처럼 느껴질지도 모르겠다. 그러나 마음 놓기를 바란다. 《로봇공학자 마스터플랜》이 그 짐을 덜어줄 것이다.

로봇공학자는 누구나 될 수 있다. 로봇을 꿈꾸는 사람이라면 얼마든지 가능하다. 이 책의 지면에서 만날 로봇공학자들도 모두 로봇을 향한 작은 꿈에서 출발했다. 비록 로봇을 만드는 일도, 로봇공학자로 성공하는 일도 만만치 않지만 꿈이 있다면 버텨낼 수 있다. 이루어낼 수 있다. 실제로

위대한 로봇공학자들이 그것을 증명해냈다. 《로봇공학자 마스터플랜》이 그 증명서다. 이 책이 로봇공학자라는 꿈을 지켜줄 것이다.

인생의 목적지가 로봇공학자라면 《로봇공학자 마스터플랜》을 출발선으로 삼기 바란다. 그 선 위에 두 주먹 불끈 쥐고 서기를 기대한다. 《로봇공학자 마스터플랜》이 안정적인 출발을, 힘찬 질주를, 영광스러운 골인을 도와줄 것이다. 든든한 협력자가 되어줄 것이다.

theD 마스터플랜연구소

차례

1장
로봇공학자는
어떤 직업이지?

로봇공학자는
누구인가?

또봇 vs 태권브이

또봇과 태권브이가 싸우면 누가 이길까? 여기서 또봇은 X, Y, Z 등 여러 기종의 공격 기술을 합친 집합체로 가정한다. 이 경우 상대를 꽁꽁 얼리거나 레이저 그물로 결박하는 또봇이 유리할까? 하지만 태권브이도 만만치 않다. 발사하면 제자리로 돌아오는 로켓주먹, 가슴의 브이 자에서 쏘는 레이저 빔은 그 위력이 무척 세다. 둘이 태권도로만 싸운다 해도 승부가 쉽게 나지 않을 것 같다. 또봇(태권K)이나 태권브이나 태권도 실력은 둘 다 뛰어나니까.

군이 둘의 대결을 성사시킬 필요는 없을 듯하다. 같은 편이기 때문이다. 차라리 둘의 능력을 대한민국 국방에 쓰는 편이 좋겠다. 또봇과 태권브이가 지키는 나라는 국방에서

만큼은 세계 최정상에 오를 것이다.

아쉽지만 또봇도, 태권브이도 현실에 존재하지 않는다. 만화영화와 장난감의 세계에만 존재한다. 아직 기술이 부족한 탓이다. 태권브이 출생 연도는 1976년이다. 또봇은 2010년에 탄생했다. 태권브이는 지금 중장년들의, 또봇은 지금 청소년의 어린 시절을 설레게 만든 로봇이다. 멋진 로봇을 만들고 싶다는 꿈을 심어준 로봇이다.

세상에는 로봇이라는 꿈을 갖고 사는 사람들이 있다. 그들은 지금 이 순간에도 어디선가 로봇을 만들고 있을지 모른다. 세상은 그들을 로봇공학자라 부른다.

로봇이란 무엇인가?

국어사전에서는 기계학적 측면에서 '로봇(robot)'이란 단어를 두 가지로 풀이한다. "인간과 비슷한 형태를 가지고 걷기도 하고 말도 하는 기계 장치", "어떤 작업이나 조작을 자동적으로 하는 기계 장치"이다.

먼저 후자의 경우 산업용 로봇으로 이해하면 된다. 일례로 독일의 폭스바겐 공장에서 노동자 대신 '자동으로' 자동차를 만들어내는 기계 장치는 산업용 로봇이다. 외과의사보다 손놀림이 정교한 로봇 수술 시스템, 우주나 해저에서 활약하는 탐사 로봇 등도 산업용 로봇에 해당된다.

전자는 안드로이드(android)와 휴머노이드(humanoid)를 가리키는 해석이라 볼 수 있다. 안드로이드는 사람 수준의 지능을 가지고 사람처럼 행동하는 인간형 로봇이다. 외모는 물론 관절의 움직임도 진짜 사람 같다. 영화 〈터미네이터〉의 인조인간처럼 '진짜 사람'과 똑같은 안드로이드는 아직 만들지 못한다. 2018년 대구의 오페라 무대에서 〈밤의 여왕 아리아〉를 부른 '에버'는 우리나라를 대표하는 안드로이드로 꼽힌다. 에버는 감정을 파악하고 교감할 줄도 아는, 세계 최고 수준의 안드로이드다.

휴머노이드는 사람과 모습이 비슷한 인간형 로봇이다. 일본의 '아시모', 한국의 '휴보'를 예로 들 수 있다. 2000년에 출생한 아시모는 '두 발 걷기에 성공한 세계 최초의 로봇'이다. 4년 후배인 휴보는 동일 종목 '한국 최초'라는 타이틀 보유자다.

뇌를 제외한 신체에 기계를 결합한 생물체인 사이보그(cyborg)도 로봇을 논할 때 빼놓을 수 없다. 생물의 몸에 기계만 결합하면 사람이든 동물이든 모두 사이보그다. 사이보그를 바라보는 시선은 크게 두 가지다. 생물체로도, 로봇으로도 본다. 다만 생물체로 보는 시선이 우세한 편이다. 그 범위도 유연하다. 범위를 좁히면, 로보캅처럼 신체의 신경조직과 기계 장치가 유기적으로 결합된 경우만 사이보그로 한정된다. 범위를 넓히면, 인공심장이나 의수 등을 장착한 경우도 사이보그에 포함된다.

로봇공학과 로봇공학자

'robot(로봇)'의 어원은 체코 말 'robota(로보타)'이다. '로보타'는 노예 또는 강제 노동을 뜻한다. 1920년 체코의 극작가 카렐 차페크는 이 '로보타'를 빌려 '로봇'을 만들어냈다. 희곡 〈Rossum's Universal Robots(로섬의 만능 로봇)〉에서 '로봇'이란 용어를 처음 썼다. 희곡 속의 로봇은 인간보다 더 정확하고 뛰어나다. 그 우수한 만능 로봇들은 훗날 인간을 지배하기에 이른다.

로봇의 반란, 이는 로봇 시대를 꿈꾸는 사람들의 오랜 걱정이기도 하다. 천재 물리학자 스티븐 호킹도 2015년 런던에서 열린 자이트가이스트(Zeitgeist, 시대정신) 학술회의에서 이 같은 걱정을 토로했다.

그는 "100년 안에 인간을 앞서는 인공지능 로봇의 반란을 맞이할 것"이라고 경고했다. 수십 년 전, SF문학의 거장이자 생화학자인 아이작 아시모프도 이 어두운 미래를 상상했을까? 아이작 아시모프는 어두운 미래가 현실이 되기를 바라지 않았는지 그 예방책으로 '로봇공학의 3원칙(Three Laws of Robotics)'을 내놓았다.

- 제1원칙: 로봇은 인간에게 해를 입혀서는 안 되며, 위험에 빠진 인간을 모른 체해서도 안 된다.
- 제2원칙: 로봇은 인간의 명령을 반드시 따라야 한다. 단, 제1원칙에 어긋나는 명령은 제외한다.
- 제3원칙: 로봇은 제1원칙과 제2원칙에 어긋나지 않는 한 스스로를 보호해야 한다.

로봇공학의 3원칙은 아시모프가 1950년에 펴낸 단편소설집 《아이, 로봇》에 등장한다. 70년이 넘은 이 로봇 행동 양식은 낡았다는 평가를 받기도 하지만 여전히 로봇 제작의 기초 정신으로 대우받고 있다.

아시모프는 로봇공학의 3원칙을 제시하며 '로봇공학(robotics)'이란 용어도 만들어냈다. 그가 이름 지은 로봇공학은 한마디로 로봇 제작을 연구하는 학문이다. 그 학문을 갈고닦으며 로봇을 만드는 사람이 바로 로봇공학자다.

로봇공학자가 만드는 로봇

로봇공학자는 로봇의 반란을 막을 수 있는 인물이다. 반란을 사전에 방지할 수도 있는 능력자다. 로봇과 인간의 관계는 로봇공학자가 로봇을 어떤 마음으로, 어떻게 만드느냐에 따라 달라진다.

로봇은 본질적으로 인간을 이롭게 하기 위해 존재한다. 카이스트(KAIST, 한국과학기술원) 연구팀이 2004년에 만든 휴보를 줄기차게 업그레이드하는 것도 그런 이유에서다. 휴보는 열한 살이 되던 2015년, 세계 재난구조 로봇 대회에서 우승하며 로봇에 의한 인간 구조에 청신호를 밝혔다. 휴보와 같은 휴머노이드는 인간에게 도움과 서비스를 제공하는 것을 궁극적 목표로 삼는다. 산업용 로봇도 마찬가지다. 일자리를 빼앗는 측면도 일부 있지만, 인간이 하기 어렵거나 위험한 일을 대신하며 인간을 돕는다.

'로봇 윤리'라는 용어가 있다. 2002년 이탈리아의 로봇공학자 장마르코 베루지오(Gianmarco Veruggio)가 처음 사용한 말이다. 이후 로봇 윤리는 하나의 개념으로 정립되었다.

로봇 윤리의 의미는 크게 두 줄기다. 로봇공학자가 지켜야 할 윤리와 로봇이 지켜야 할 윤리가 그것이다. 인간에게 해를 끼치지 않고 이익이 되는 로봇을 만드는 것이 로봇공학자의 로봇 윤리다. 휴보와 같은 성격의 휴머노이드는 로봇 윤리에 충실한 창조물이라 볼 수 있다. 특히 군사용 전투 로봇 분야의 로봇공학자에게 로봇 윤리는 남다른 무게를 안긴다. 그 무게를 가볍게 여기는 순간 자칫 무자비한 살상 무기가 탄생할 위험이 있기 때문이다.

로봇이 지켜야 할 윤리 또한 인간을 이롭게 하는 것으로 규정한다. 다만 로봇은 사람에게 윤리를 배워야만 '윤리적 로봇'으로 거듭날 수 있다. 현재 로봇은 선한 사람, 악한 사람을 잘 구별하지 못한다. 사생활 침해, 개인정보 보호 등의 인식도 부족하다. 적국의 국민이라면 총을 든 어른과 사탕을 든 아이 모두에게 총을 쏠 가능성도 있다. 윤리를 가르치면 이런 비극을 막을 수 있다. 하지만 로봇에게 윤리를 가르치는 기술은 아직 걸음마 단계다.

로봇공학자가
하는 일

첨단 기술을 쓰는 기술자

로봇의 핵심은 '스스로', '자동으로' 움직이는 기계 장치라는 점이다. 혼자 힘으로 작동하는 기계 장치를 만들려면 첨단 기술이 필요하다. 망치질만으로 뚝딱뚝딱 만들어내기는 불가능하다. 첨단 기술은 보통 과학 기술을 가리킨다. 전기, 전자, 기계, 컴퓨터 등과 관련된 기술이다. 실제로 로봇 제작에 이들 분야의 기술이 총동원된다. '첨단'이란 단어에 걸맞게 수준 높고 선구적인 과학 기술이 로봇을 탄생시킨다.

로보컵(RoboCup)에서는 첨단 기술의 결정체인 로봇들을 만날 수 있다. 로보컵은 로봇들의 축구 월드컵이다. 1997년 일본 나고야에서 1회 대회를 개최한 뒤로 해마다 세계 각국에서 축구 대전을 벌인다. 처음엔 바퀴 달린 구식 로봇들이 출전했으나, 2002년 사람처럼 공을 차는 휴머노이드 리그가 탄생하면서 전 세계의 주목을 받는 축구 월드컵으로 발돋움했다. 로보컵의 출전 조건은 '인공지능 탑재'다. 스스로 공을 몰고, 상대를 제치고, 골대와 라인을 인지하고, 슛을 할 수 있는 능력을 갖춘 로봇만이 선수로 뛸 수 있다. 로보컵의 축구 선수들은 원격 조종으로 움직이는 꼭두각시가 아니다.

로봇에게 물건을 집는 단순한 능력을 부여하는 데도 고도의 기술이 요구된다. 인공지능을 바탕으로 스스로 축구를 하는 로봇이라면 두말할 것 없다. 로보컵이 각광받고 우수한 로봇공학자들이 달려드는 까닭도 여기에 있다. 인공지능이라는 첨단 기술, 아니 최첨단 기술을 실현하는 장이기 때문이다. 사람의 지능으로 완벽하게 사람처럼 행동하는 인공지능 로봇의 탄생은 로봇공학의 큰 그림이다. 스티븐 호킹이 인공지능 로봇의 인간 지배를 걱정했지만, 많은 로봇공학자들이 멋진 인공지능 로봇을 꿈꾸고 있다. 로보컵의 로봇공학자들도 같은 꿈을 꾸고 있다. 로보컵 조직위원회가 2050년이 넘기 전에 인간 월드컵 우승팀과 싸워 이기겠다고 선언하기도 했다.

첨단 기술로 지키는 안전

2011년 일본 후쿠시마의 원자력 발전소가 폭발했다. 지진과 쓰나미로 원자로의 전원이 끊긴 상태에서 격납용기에서 새어나간 수소가 폭발하면서 방사능이 외부로 누출됐다. 수십만 명의 삶의 터전을 날려버린 초대형 사고였다.

고농도 오염수와 방사능이 덮어버린 원전 내부는 접근 불가였다. 극한작업 로봇들이 사고 수습에 투입됐다. 극한 작업 로봇이란, 사람이 갈 수 없는 곳에서 사람 대신 작업을 하는 로봇이다. 그 로봇들은 우주 및 심해 탐사, 고난도 인명구조 등의 분야에서 활약한다.

원전 내부로 투입된 로봇은 미국 아이로봇사에서 개발한 '팩봇'과 '워리어', 영국 키네틱사의 '탈론' 등이었다. 이들은 모두 군사용 로봇이었으나 재난 현장에 파견되어 원전 내부 촬영, 방사선량 측정, 밸브 개폐 등의 임무를 부여받았다. 그러나 산더미 같은 잔해를 헤쳐나가지 못하거나, 어마어마한 방사능에 오작동을 일으켜 미션에 실패했다. 로봇 강국 일본의 로봇들도 세계 최고의 휴머노이드라는 아시모도 방사능 앞에서는 무용지물이었다.

결국 사람이 그 일을 했다. 50명의 도쿄전력 기술자들이 냉각 장치가 마비된 원자로를 찬물로 식히거나 방사선 누출량을 측정하는 작업에 결사대처럼 뛰어들었다. 죽음을 무릅쓴 대가는 참담했다. 결사대원 상당수가 방사능에 피폭되어 혈액암에 걸리거나 목숨을 잃은 것이다.

후쿠시마 원전 사고에서 극한작업 로봇이 힘을 못 쓴 원인은 단순했다. 기술 부족이 원인이었다. 극한작업 로봇이 재난 현장에서 눈부신 활약을 펼치려면 사람에 버금가는 지능과 감각을 갖춰야 한다. 한마디로 또봇 같은 로봇이라면 안성맞춤이다. 하지만 또봇은 그야말로 만화 속, 먼 미래 이야기다. 후쿠시마 원전 사고 당시 투입된 로봇들은 모두 원격조종 로봇이었다. 고농도 방사능에 견딜 만큼 튼튼하지도 못했다. 당시는 극한작업 로봇 연구가 10년도 채 안 되던 때였다. 큰 기대를 걸었던 것이 어쩌면 욕심이었는지도 모른다.

10년이 지난 지금도 후쿠시마 원전 사고는 현재진행형이다. 방사능 오염 제거 작업을 진행한 곳이 전체 피해 지역의 15퍼센트에 불과하다고 한다. 극한작업 로봇 분야도 기술 발전의 보폭을 크게 넓히지 못한 듯하다. 2021년 4월 20일, 원전 내부로 들어간 로봇이 사진 몇 장 찍고 방사선으로 망가졌다는 소식이 들려온 걸 보면 말이다. 로봇공학

자들의 마음을 무겁게 만드는 뉴스가 아닐 수 없다.[•]

미래에 도전하기

2021년 새해가 열리며 새로운 소식이 미래 로봇공학자들의 눈길을 끌었다. 한국도로공사에서 인공지능 드론으로 고속도로 순찰을 시범적으로 실시한다는 소식이었다. 이 뉴스가 드론 마니아를 비롯해 로봇공학도의 주목까지 받은 이유는 드론도 로봇의 일종이기 때문이다. 드론의 원격조종 비행과 인공지능에 기반한 자율비행 등은 로봇에도 적용되는 기술이다. 실제로 청소년 대상의 미래직업 체험에서는 드론 전문가를 로봇 관련 직업으로 소개하기도 한다.

한국도로공사의 인공지능 드론은 서대구 IC와 금호분기점에서 성공적으로 시범 순찰을 마쳤다. 해당 드론은 순찰 중 특이점이 발견되면 '자율적으로' 그곳으로 이동했다. 그리고 스피커와 LED 경광등을 통해 운전자들에게 주의 메시지를 보냈다. 이런 인공지능 기능은 운전자의 안전을 지키고 2차 사고를 예방하는 데 크게 이바지했다. 한국도로

[•] 양이원영 "후쿠시마 원전, 로봇이 사진 몇 장 못 찍고 망가져", <고발뉴스>, 2021.4.20.

공사는 이 똑똑한 드론의 순찰 활동을 전국적으로 확대하는 것을 신중히 검토하겠다고 했다.

인공지능 드론은 분기점 구간에 한정했을 때 인력 순찰 시간을 90퍼센트나 단축하는 것으로 분석된다. 만약 이 드론이 상용화된다면 고속도로가 지금보다 더 안전해질 것이다. 하지만 순찰 요원의 일자리가 줄어들 가능성도 있다.

4차 산업혁명은 로봇, 인공지능, 빅데이터(Big data)*, 가상현실(VR), 사물인터넷 등이 중심이 되는 산업상의 변화를 말한다. 그런데 많은 사람들이 로봇과 인공지능에게 일자리를 빼앗길 것을 우려한다. 2016년 4차 산업혁명의 개념을 처음 언급한 세계경제포럼에서도 로봇과 인공지능이 500여만 개의 일자리를 없앨 거라고 엄포를 놓았다.

한편 글로벌 컨설팅회사 맥킨지가 운영하는 맥킨지글로벌연구소(MGI)는 2019년 보고서에서 2055년 무렵 현재 일자리의 절반이 자동화되어 있을 것이라 전망했다. 그렇다면 식당의 주문 키오스크가 서빙 종업원의 일자리를 차지했듯이 자동화 시스템이 많은 직장인을 거리로 내몰지도

---

* 대규모 데이터와 이 대규모 데이터로부터 정보를 추출하고 결과를 분석해서 더 큰 가치를 창출하는 기술을 동시에 일컫는다.

모른다.

그런데 해당 보고서는 자동화로 인해 일자리가 사라지기보다는 그 형태가 변화하거나, 새 일자리가 생겨날 것이라는 전망도 내놓았다. 실제로 의료 로봇이 의사를 실직자로 전락시키지 않고 로봇을 이용해 더 정밀한 수술을 할 수 있게 만든 것은 좋은 본보기다. 또한 의료 로봇은 '로봇 오퍼레이터'라는 직업의 활동 영역도 넓혔다. 로봇 오퍼레이터는 로봇의 조종법을 가르치는 사람이다. 의료 현장에서 로봇 오퍼레이터는 의사에게 의료 로봇의 조종법을 알려주는 일을 한다.

고속도로 상공을 누비는 드론의 경우도 비관적이지만은 않다. 기존 순찰 요원의 실직이라는 슬픔과 드론 전문가의 고용이라는 기쁨이 공존하기 때문이다. 정부와 당국이 순찰 요원의 새 삶을 적극 돕는다면 그 기쁨은 더욱 커질 것이다. 변화에는 고통이 따르는 법이다. 인간에게는 그 고통을 이기고 거듭날 수 있는 힘이 있다. 이미 증기기관으로 대표되는 1차 산업혁명 시기에 인간은 스스로 그 능력을 증명했다. 증기기관은 자동차 발명의 기폭제였다. 자동차의 출현으로 마차를 모는 마부들이 고통을 겪었지만, 자동차는 정비, 정유, 보험 등 관련 직업을 여럿 만들어내며 삶을 풍요롭게 했다.

삶의 높은 질을 위하여

코로나19 이후 야외 활동이 많이 줄었다. 집에 머무는 시간이 길어지면서 '집콕 일상'에 필요한 필수 아이템도 늘어났는데, 그중 하나가 로봇청소기라고 한다. 로봇청소기가 가사 노동의 부담을 덜어주고, 위생에도 도움을 주기 때문이란다. 이런 장점을 지닌 로봇청소기는 스스로 먼지를 찾아 움직이는 어엿한 로봇이다.

로봇청소기의 소비자 만족도는 대체로 높은 편이다. 가정용 로봇으로 성공한 로봇은 로봇청소기가 유일하다는 말이 나돌 정도다. 특히 거동이 불편한 노인만 사는 집에서 로봇청소기는 쏠쏠한 가사 도우미다. 집안일에 서툰 신혼부부에게도 마찬가지다. 요즘 신혼부부에게 로봇청소기는 '3대 이모님'으로 대우받는다. '이모님'은 집안일을 돕는 사람이라는 의미다. 나머지 이모님은 식기세척기와 빨래건조기다.

로봇청소기가 몸을 편안하게 해주는 로봇이라면, 소셜 로봇은 마음을 달래주는 로봇이다. 가정용 로봇의 범주에 포함되는 소셜 로봇은 사람과 대화하고 교감하는, 감성 중심의 로봇을 일컫는다. 인공지능을 바탕으로 인간의 감정을 읽고 자신의 감정도 전달하는 상호작용을 한다. 아직 대중화되지는 않았지만, 1인 가구 및 가족 해체 증가, 고령화 등이 특징인 현대사회에서 발전 가능성이 높은 로봇으로 꼽힌다.

대표적인 소셜 로봇으로 2015년 일본 소프트뱅크사가 개발한 '페퍼'를 들 수 있다. 휴머노이드인 페퍼는 언어 구사 능력이 뛰어나다. 가슴의 LCD 디스플레이로 자신의 감정 상태를 표시한다.

이스라엘 로봇 기업인 인튜이션 로보틱스가 만든 '엘리큐(ElliQ)'는 노인의 동반자다. 노인들이 고독하지 않도록 대화를 시도하고, 책 읽기나 산책을 권하기도 한다. 약 먹을 시간도 챙겨준다. 다양한 목소리 톤과 빛으로 감정을 표현한다.

2019년 한국과학기술연구원(KIST, 키스트) 치매DTC융합 연구단 박성기 박사팀은 세계 최초로 경증 치매환자 돌봄 로봇을 만들었다. 그 주인공은 '마이봄'으로, 치매환자의 동반자로 성장하리라는 기대를 받고 있다. 마이봄은 화장실 안내, 약 먹는 시간 알리기 등의 돌봄을 하며, 치매 환자와 퀴즈를 풀면서 두뇌 활동을 돕기도 한다.

로봇공학자의
직업적 성격

널리 인간을 이롭게 하다

2015년 휴보는 세계 재난구조 로봇 대회(DRC, DARPA Robotics Challenge)에서 우승컵을 거머쥐었다. 이 대회의 주최자는 미국의 다르파(DARPA, Defence Advanced Research Project Agency)였다. 다르파는 미국 국방부에 속한 연구기관으로, 정식 명칭은 '미국 국방부 고등 연구 계획국'이다. 다르파가 재난구조 로봇 대회의 출범을 공표한 해는 2012년으로, 그 계기는 1년 전 일본 후쿠시마의 원전 사고였다. 이 비극적 재난은 전 세계 로봇공학자들에게 충격을 주었다. 로봇이 힘을 쓰지 못한 점, 로봇 강국 일본이 속수무책이었다는 점이 충격 요인이었다. 더구나 로봇 대신 사고 현장에 간 사람들이 희생을 당해서 그 충격이 더욱 컸다.

고성능 재난구조 로봇이 필요하다는 목소리가 곳곳에서 높아졌다. 이에 다르파가 부응했다. 거대한 재난에 인간 대신 로봇을 투입한다는 목표를 세운 것이다. 다르파는 그 목표를 이루기 위해 재난구조 로봇 대회를 기획했다. 수많은 로봇공학자들이 '인간을 위하는' 이 가치 있는 기획에 동참했다. 인간의 희생을 막겠다는 인류애가 그들의 심장을 뛰게 만든 것이다.

발전 또 발전을 향해

2012년 4월 1일, 후쿠시마 원전 사고 후 1년여가 지났다. 다르파는 세계 재난구조 로봇 대회를 열겠다고 선언했다. 세계 각국 200여 개 팀이 도전장을 냈다. 한국의 휴보, 그리고 국내 벤처기업 로보티즈가 개발한 똘망도 도전자 명단에 이름을 올렸다. 다르파는 장차 로봇 시대의 주역이 될 도전자들에게 8개의 미션을 제시했다. 미션 현장은 후쿠시마 원전 사고 현장과 비슷했다.

미션 1. 자동차를 운전해 목표 건물 앞에 주차하고 내려라.

미션 2. 100미터의 울퉁불퉁한 자갈길을 걸어서 돌파하라.

미션 3. 건물의 진입로를 막고 있는 장애물을 치워라.

미션 4. 문을 열고 건물 안으로 들어가라.

미션 5. 사다리를 타고 2층으로 올라가 내부 통로를 통과하라.

미션 6. 드릴, 전기톱 등으로 콘크리트 벽을 뚫어라.

미션 7. 냉각수가 새는 파이프를 찾아 밸브를 잠가라.

미션 8. 소방 호스를 소화전에 연결하라.

참가자들은 한결같이 혀를 내둘렀다. 자동차를 혼자 힘으로 운전할 수 있는 로봇조차 드문 때였다. 당시 기술로 모든 미션을 완수하기는 불가능에 가까웠다. 이듬해 12월에 1차 결선이 열렸다. 우려했던 대로 첫 번째 미션부터 실패하는 로봇이 많았다. 미국항공우주국(NASA)의 야심작인 발키리는 모든 미션에서 빵점을 받아 꼴찌를 차지했다. 미국 과학기술의 상징인 미국항공우주국의 처참한 성적표는 관계자들을 충격에 빠뜨렸다. 그만큼 다르파의 미션이 높은 수준의 기술을 요하는 과제라는 증거였다.

최종 결선, 휴보에게 영광이 돌아간 바로 그 무대는 2015년 6월에 펼쳐졌다. 1차 결선을 뚫은 쟁쟁한 로봇들이 동일한 미션으로 겨뤘다. 그런데 1차 결선 때와 한 가지 달라진 점이 있었다. 많은 로봇들이 첫 번째 미션에 성공했다는 점이었다. 사실 첫 번째 미션은 가장 어려운 과제라 해도 과언이 아니었다. 자율주행 자동차의 기술이 불완전했던 당시에 로봇이 스스로 운전한다는 것은 꿈같은 일이었다. 스스로 차에서 내리는 일도 만만치 않은 일이었다. 휴보와 똘망도 1차 결선 때는 첫 번째 미션에서 3점 만점에 1점을 받았다. 참고로 똘망은 최종 순위 15위로 대회를 마쳤다. 등수보다도 미션을 완수했다는 점에서 충분히 박수받을 일이다.

다르파가 최초 미션을 발표했을 때 많은 로봇공학자들이 비관적이었다. 누군가는 100년 후에나 가능할 기술이라며 탄식했다. 그러나 로봇공학자들은 비관과 탄식만 하지 않고 행동했다. 피나는 노력으로 어려운 문제를 스스로 풀어냈다. 그리고 불과 3년 만에 불가능을 가능으로 바꾸었다.

경제 분야의 인플루언서

운전자가 운전하지 않아도 스스로 움직이는 자동차를 자율주행 자동차라고 한다. '스스로 움직인다'는 면에서 로봇이다. 자율주행 자동차가 전자 장치로 가속페달을 제어하고, 카메라로 신호를 인식하고, 초음파 센서로 차량 간격을 조절하는 능력은 모두 로봇 기술에서 나온다.

자율주행 자동차에는 레벨이 있다. 레벨 0부터 5까지 총 6단계로 나뉜다. 국제자동차기술자협회(SAE International)에서 분류한 단계로, 현재 국제 기준으로 통용된다. 0단계는 자율주행 기능이 없는 일반 자동차다. 1단계부터 3단계까지는 운전자가 있는 상태에서 부분적으로 자율주행을 하는 자동차다. 단계가 높아질수록 자율주행의 역할이 커진다. 즉 2단계에서는 속도와 방향까지만 스스로 제어하는데, 3단계에서는 이에 더해 앞차를 추월하고 장애물을 피하기까지 한다.

4단계와 5단계는 운전자가 필요 없는 '무인 자동차' 단계다. '지역 무인 택시'처럼 특정 구간을 지정 조건 아래 운행하는 차량이 4단계에 해당한다. 5단계는 완성형 무인 자동차의 단계다. 최고 단계에 오른 자동차는 어디든 자유롭게 다니며, 탑승자가 목적지를 말하면 스스로 판단해 목적지로 향한다.

로봇 기술을 쓰는 자율주행 자동차의 발전 수준은 현재 어느 정도일까? 산업 전문 언론 〈KIPOST(키포스트)〉의 2021년 4월 23일 자 기사 '올해 자율주행 레벨3 본격 진입(하략)'에 따르면, 아직까지는 전 세계적으로 2단계가 주류라고 한다. 해당 기사는, 일본의 혼다가 2021년 3월 3단계 기능을 갖춘 '레전드'의 판매를 시작하면서 '레벨3 자율주행 시대'가 열렸다고 평가했다. 유럽의 BMW와 메르세데스 벤츠는 2021년 안에, 한국의 현대자동차는 2022년 안에 3단계 자율주행 자동차를 본격 생산할 계획이라고 한다. 한편 2021년 6월 우리 정부는 7년 동안 약 1조974억 원을 투자해 4단계 자율주행 자동차를 개발할 거라고 발표했다.

자율주행 자동차에 대한 기대가 커지면서 걱정도 커지고 있다. 일자리 걱정이다. 운수업 종사자의 대량 실직이 예상된다. 그러나 울상만 지을 일은 아니다. 자율주행 자동차는 체계적 운행으로 교통사고를, 효율적 운행으로 교통체증을 감소시킬 것이다. 이는 사회적 손실은 줄고 이익이 느는 결과로 이어질 수 있다. 신기술이 경제에 가하는 일시적 타격은 2보 전진을 위한 1보 후퇴일지 모른다. 창의적으로 일자리 전환을 추구한다면 그 타격을 거뜬히 감당할 수 있을 것이다.●

서비스의 질을 높이다

한국로봇산업진흥원은 2021년 6월 '수요기반 맞춤형 서비스 로봇 개발·보급 사업'을 공고했다. 필요한 곳에 적절한 로봇을 개발해 보급하겠다는 사업이다. 이 사업을 위해 한국로봇산업진흥원은 산업, 상업, 의료, 공공 분야를 중심으로 모두 12개 과제를 선정했다. 그리고 12개 기업을 선

●　올해 자율주행 레벨3 본격 진입… 업계 기술력도 한 발짝 업그레이드, <KIPOST>, 2021.04.23

발해서 저마다 한 개씩 과제를 맡았다. 12개 기업은 정부 지원금을 받아 과제를 해낸다. 관계자들은 기업들이 과제에 성공하면 사회 곳곳에서 로봇의 혜택을 누리게 될 날이 성큼 다가올 것으로 내다보았다.

사업의 취지를 보다 똑똑히 이해하기 위해 공공 분야 한 가지만 살펴보자. 공공 분야는 '안전'과 '방역', 이 두 가지로 나뉜다. 방역 분야 과제를 맡은 기업은 병원 폐쇄 병동을 순찰하고 해당 병동 간호사의 업무를 돕는 로봇 시스템을 개발해야 한다. 안전 분야의 과제는 공원 순찰 및 안내에 특화된 로봇을 개발하는 일이다. 담당 기업은 서울주택도시공사와 함께 서울식물원 관람객의 편의를 돕고 안전을 지킬 무인 로봇 서비스를 구현해낼 것이다.

로봇은 궁극적으로 인간을 위해 존재한다. 인간을 위하는 것 중 하나는 서비스 제공이다. 정부가 맞춤형 서비스 로봇 사업을 추진하는 밑바탕에는 이와 같은 생각이 깔려 있을 것이다. 로봇의 존재 가치는 질 좋은 서비스를 제공할 때 빛이 난다. 이 명제에 동의하지 않는 로봇공학자는 드물 것이다.

가야 할 길은 생명의 길

사람을 해치는 로봇이 있다. 군사용 전투 로봇이 바로

그것이다. 로봇의 제1원칙을 어기는 이 로봇을 '킬러 로봇(Killer Robot)'이라 부른다. 인간형 로봇뿐만 아니라 무인 전투기, 무인 전함, 무인 드론 같은 자동화 무기 시스템은 모두 킬러 로봇에 해당된다. 이들 킬러 로봇은 인공지능 기술을 바탕으로 사람의 개입 없이 스스로 목표물을 추적하고 공격한다. 이런 로봇이 전투에 투입되면 그 순간 무시무시한 살상 무기로 변한다.

다행히도 인공지능에 힘입어 완벽하게 전투를 수행하는 킬러 로봇은 아직 없다고 한다. 하지만 미국, 영국, 러시아, 중국, 이스라엘 등이 개발에 힘쓰고 있는 상황이라 머지않아 고성능 킬러 로봇이 현실에 등장할 것이라는 전망이다.

킬러 로봇에 관해서는 찬성과 반대 두 가지 입장이 대립한다. 찬성 측은 킬러 로봇끼리 전투를 벌이면 오히려 인명 피해를 줄일 수 있다고 주장한다. 또한 '불완전한' 킬러 로봇은 오판으로 엉뚱한 사람을 죽일 수 있지만, '완전한' 킬러 로봇은 오판의 여지가 없다고 한다. 반대 측은 살상이 윤리에 어긋난다는 논리로 접근한다. 더불어 테러리스트나 독재자에게 악용될 가능성도 제시한다.

찬성과 반대, 어느 쪽이 더 우세하다고 단정하긴 어렵다. 그러나 많은 로봇공학자들이 반대 측에 서 있는 것으로 보인다. 가령 2015년에 스티븐 호킹을 비롯해 1,000여 명의 로봇공학자들이 인공지능 전쟁 금지를 권고하는 서한에 서명했고, 2017년에는 IT(정보기술) 및 로봇 전문가 116명이 유엔에 킬러 로봇 개발 금지 결정을 내려달라고 요구하기도 했다.

한편 카이스트(KAIST)는 킬러 로봇을 개발한다는 이유로 곤경에 처한 적이 있다. 2018년 4월 카이스트는 29개국 57명의 인공지능 연구자들에게 "카이스트와의 모든 공동 연구를 보이콧하겠다"라는 서한을 받았다. 카이스트가 인공지능 킬러 로봇을 만들고 있다는 것이 보이콧의 이유였다. 하지만 이는 오해에서 비롯된 해프닝이었다. 어느 영자 신문이 카이스트가 세운 국방인공지능융합연구센터를 소개하면서 연구센터를 '인공지능 무기(weapon)연구센터'로 잘못 번역해 일어난 일이다. 카이스트의 적극적 해명으로 해프닝은 깔끔하게 갈무리되었다. 지구촌 로봇공학자들의 생명관을 엿볼 수 있는 일화였다.

로봇공학자에게
필요한 능력

출발점은 상상력과 창의력

로봇은 근본적으로 상상력의 산물이다. 누구나 한 번쯤 엄마의 심부름을 대신 하는 '심부름 로봇', 숙제를 단숨에 해치우는 '숙제 로봇' 따위를 상상한 적이 있을 것이다. 이 깜찍하고 발칙한 상상은 아주 창의적이다. 심부름 로봇과 숙제 로봇은 '낡은 것'이 아닌 '새로운 것'이기 때문이다. 창의적 활동은 '새로운 것을 생각해내는 일'이다.

심부름 로봇과 숙제 로봇을 상상하는 일은 로봇공학자 다운 행동이기도 하다. '로봇'이란 말에 '노동'의 뜻이 담겨 있음을 되새겨보자. 로봇은 인간을 위해 노동하는 존재다. 심부름과 숙제야말로 귀찮은 노동이다. 정말 하기 싫은 심부름이나 숙제는 중노동일 수도 있다.

허구의 세계에 존재하는 태권브이와 또봇도 상상력을 통해 이 세상에 나왔다. 전 세계적으로 인기를 끈 할리우드 영화 〈트랜스포머〉의 로봇들도 마찬가지다. 이들 로봇은 악으로부터 선을 지키는 정의의 사도라는 공통점이 있다. 강력한 악의 무리로부터 인간을 지키기 위해 초특급 로봇을 앞세우려는 생각은 창의적이다. 맨주먹으로만 맞서는 것은 멋있어 보일지 모르지만 고지식한 발상이다.

앞으로 나아가는 실천력

창의적인 상상도 실행에 안 옮기면 환상으로 남을 뿐이다. 로봇을 꿈꾸었다면 두 팔 걷어붙이고 만들어야 한다. 그래야만 꿈이 이루어진다. 태권브이도, 또봇도 아직은 꿈으로 남아 있다. 하지만 열정적인 로봇공학자들에 의해 언젠가는 현실이 될 것이다.

또봇보다 대선배인 태권브이가 먼저 위풍당당한 모습을 드러낼 것 같다. 태권브이에 적용된 만화 속 핵심 기술이 차츰 실현되고 있기 때문이다. 태권브이는 가슴의 브이 자와 두 눈에서 레이저를 쏜다. 그 위력은 100밀리와트(mW), 형광등 500만 개를 켤 수 있는 어마어마한 에너지다. 미국 해군에는 이 정도 에너지로 목표물을 파괴하는 레이저포가 있다. 대포알 대신 레이저를 쏘는 무기다.

태권브이는 키 56미터, 몸무게 1,400톤의 엄청난 거구다. 그 육중한 몸으로 시속 300킬로미터로 달리고, 전투기와 맞먹는 마하 1.2의 속도로 비행한다. 몸에 심장처럼 박힌 '핵융합로' 덕분이다. 휘발유를 연료로 쓰면 태권브이는 걷지도 못한다. 핵융합 에너지는 원자핵들이 합쳐지며 더 무거운 원자핵으로 변할 때 생기는 에너지다. 차세대 에너지원으로 꼽히고 있지만, 아직 이를 이용한 동력장치는 개발 중이라고 한다. 과학계에서는 개발의 성과가 2050년 무렵 나타날 것으로 보고 있다.

태권도의 달인 태권브이는 입력된 프로그램대로 태권도를 한다. 그런데 파일럿이 가세하면 태권도 능력이 배가된다. 태권브이의 머리 부분에는 파일럿이 탑승하는 조종석이 있다. 태권도 고수인 파일럿이 태권도 동작을 취하면 태권브이는 그 동작을 그대로 따라 한다. 파일럿의 몸속에는 뇌파를 읽는 마이크로칩이 삽입되어 있다. 이 뇌파 센서가 파일럿의 동작을 태권브이에게 운동 신호로 전송하는 것이다. 뇌파로 기계를 움직이는 이 기술은 일상에서 널리 쓰이는 수준은 아니지만 지금 존재하고 있다. 환자의 뇌파를 읽어 움직이는 의족, 의수가 대표적이다.

태권브이를 만들려면 최소한 지금까지 소개한 세 가지 기술을 터득해야 한다. 이것만으로도 로봇공학자에게는 힘든 싸움이다. 특히 핵융합 에너지로 동력장치를 만드는 기술은 아직까지는 꿈의 기술이다. 그만큼 어려운 일이기에 강도 높은 실천력이 필요하다.

실천력은 공부하고 연구하는 데서 나온다. 예를 들어, 깜찍하게 짖는 로봇 강아지에 대한 아이디어를 떠올렸다면 강아지가 짖는 소리의 특성을 공부하고 연구해야 한다. 그것이 뒷받침되지 않으면 아이디어는 구체화되지 못하고 사라진다. 실천력은 아이디어를 구체화하는 힘이다.

넘어졌을 때 일어나는 회복력

2011년 로보컵 대회에서 한국인의 손으로 만든 다윈과 찰리가 우승컵을 안았다. 다윈은 키 작은 로봇들의 대전인 키즈 리그에서, 찰리는 키 150센티미터 이상의 로봇들이 겨루는 어덜트 리그에서 각각 왕좌에 올랐다. 다윈과 찰리는 한국계 미국인 로봇공학자 데니스 홍과 그의 제자 한재권의 작품이다.

우승의 영광이 하루아침에 이루어진 것은 결코 아니다. 다윈의 경우 '다윈-4' 기종으로 2009년에 첫 출전을 했다가 망신만 톡톡히 당했다. 경기 시작 휘슬이 울렸는데 로봇 세대가 서로 짜기라도 한 듯 꼼짝도 안 한 것이다. 전체 명령을 내리는 메인 보드에 탈이 난 것이 원인이었다. 선수들이 허수아비처럼 서 있는 동안 상대팀은 웃으면서 골을 넣었다. 제대로 뛰지도 못하고 진 것이다.

핵심 제작자인 한재권은 주먹을 불끈 쥐며 재기를 꿈꾸었다. 그 꿈을 바라보며 구슬땀을 흘린 결과 한층 업그레이드된 '다윈-OP'가 탄생했다. 땀은 배신하지 않는다는 말처럼, 땀으로 일궈낸 다윈-OP는 로보컵 우승으로 보답했다. 2009년 처절한 실패를 맛보았을 때 한재권은 당시 우승자인 독일 팀의 리더를 찾아가 여러 가지 질문을 하며 자문을 구했다고 한다. 경쟁자에게까지 배우려는 자세는 성공을 원하는 사람만이 가질 수 있다.

찰리도 단번에 성공한 것은 아니다. 찰리는 '찰리-1'으로 2010년에 로보컵에 첫 도전장을 내밀었는데, 결과는 3위였다. 데니스 홍과 한재권, 두 로봇공학자는 대회를 마치고 미국으로 귀국하는 비행기 안에서 곧바로 새로운 설계도를 작성했다. 성공에 대한 열정이 돌아가는 발걸음에서부터 타올랐던 것이다. 그 열정은 오래지 않아 '찰리-2'로 다시 태어났다. 열정의 열매 찰리-2는 2011년 로보컵의 주인공으로 우뚝 섰다.

멋진 로봇을 위한 협동심

로봇 제작은 어떤 로봇을 만들 것인가 계획하는 것에서

부터 시작한다. 계획을 세웠다면, 컴퓨터 프로그램을 이용해 로봇의 구조를 설계한다. 설계도를 그리면서 재료 선정, 모터와 센서 배치 등의 작업도 병행한다.

설계 다음은 제작이다. 제작은 수백 개의 볼트와 너트를 비롯해 온갖 부품을 장만하는 것에서 시작한다. 재료가 모이면 드디어 조립! 먼저 준비한 재료로 로봇의 뼈대를 만든다. 이어서 로봇이 움직일 수 있게 모터, 감속기, 제어기 등을 뼈대에 장착하고, 로봇의 움직임을 조정하는 컴퓨터 프로그램을 탑재한다. 마지막으로 사람의 감각에 해당하는 센서들까지 종류별로 설치한다.

이와 같이 복잡한 과정을 거치는 조립은 고도의 기술과 끈기를 요한다. 그런데 조립이 끝났다고 끝이 아니다. 로봇이 온전히 작동하는지 테스트하는 과정이 필수다. 테스트 시 로봇이 꼼짝도 안 하거나 오작동을 하면 피땀 흘려 고생한 시간이 피눈물로 돌아온다.

테스트에 성공했다면 로봇의 외관을 만들 차례다. 로봇의 몸속은 각종 모터와 복잡한 전선으로 어수선하다. 이를 깔끔하게 가려줄 외관을 만들어 잘 덮어주어야만 로봇이 완성된다.

로봇 제작의 여정은 참 고되고 지난하다. 아무리 유능한 로봇공학자라도 이 거친 여정을 혼자 걷기는 어렵다. 실제로 로봇공학자들은 늘 함께 일한다. 로봇 제작에는 설계, 제작, 전기회로 설계, 컴퓨터 프로그래밍의 과정이 반드시 들어간다. 로봇공학자들은 각자 전문 분야가 있다. 설계가 전문인 사람, 컴퓨터 프로그래밍이 전문인 사람이 따로 있다는 뜻이다. 각 분야의 전문가들이 소통해서 협업할 때 멋진 로봇이 태어난다.

대중의 마음을 읽는 능력

2019년 여름, 중국에서 숙제 로봇이 불티나게 팔리고 있다는 소식이 한국 언론에 소개되었다. 숙제 로봇의 유행은 중국에서 선행 학습의 비중이 커지면서 생겨난 현상이다. 선행 학습에 시간을 쏟으면서 학교 숙제를 할 겨를이 없자 로봇에게 숙제를 맡기게 된 것이다.

숙제 로봇은 정확히는 '대필 로봇'이다. 로봇 팔에 펜을 장착한 형태다. 소프트웨어를 다운로드받으면 필요한 글자체를 골라 대필 로봇에게 글씨 쓰기를 시킬 수 있다. 주인이 컴퓨터 키보드로 쓰고 싶은 내용을 치면, 대필 로봇이 종이에 옮겨 적는 방식이다. 자신의 필체를 스캔하면, 대필 로봇이 주인의 글씨체를 그대로 되살린다. 대필 로봇은 분당 40자 정도의 글자를 쓸 수 있는데, 고가의 대필 로봇은 그림 실력도 빼어나다고 한다.

대필 로봇의 가격은 우리 돈으로 3만~18만 원 수준이다. 구매자는 얼핏 학생이 많을 것으로 보이지만 오히려 학부모가 더 많다고 한다. 자녀가 원하지 않아도 학부모가 알아서 사준다고 한다. 업계에서는 학부모들이 자녀에게 선행 학습을 시키기 위해 대필 로봇을 사주는 것이라고 분석한다.

"누가, 어떤 로봇을 원할까?"

로봇공학자라면 꼭 생각해보아야 할 질문이다. 대필 로봇 같은 상업용 로봇은 물론 박물관 안내 로봇 같은 공공 분야 로봇을 개발할 때도 이 물음을 스스로에게 해보아야 한다. 로봇공학자라면 어떤 로봇이 대중에게 사랑받을지 늘 촉각을 곤두세워야 한다. 대중에게 외면받는 로봇은 존재 가치가 없다. 로봇의 존재 목적은 결국 인간이기 때문이다.

로봇의 구성, 로봇공학자와 사람들

로봇은 무엇으로 이루어졌을까?

로봇은 크게 프레임, 액추에이터, 제어 보드, 배터리로 구성된다.

프레임(Frame): 붕어빵을 구우려면 붕어빵 틀이 필요하듯, 로봇을 만들려면 로봇 틀이 필요하다. 프레임은 액추에이터, 제어 보드, 배터리 그리고 각종 센서를 탑재하는 틀이다. 사람의 뼈대에 해당한다.

액추에이터(Actuator): 로봇을 움직이게 하는 구동 장치다. 로봇이 걷는 데는 물론 손가락을 꼼지락거리는 데도 구동 장치가 필요하다. 구동 장치는 동력원에 따라 크게 전자식과 유체식으로 나뉜다.

전자식은 전기 모터로, 전자석의 원리로 구동한다. 전류를 흘리면 움직이고 전류를 끊으면 멈춘다. 유체식은 기름의 압력을 이용한 유압 실린더다. 모터는 섬세한 움직임이 필요한 로봇에, 모터보다 힘이 센 유압 실린더는 큰 힘을 쓰는 로봇에 알맞다. 로봇에는 무척 많은 액추에이터가 들어간다. 악수를 하는 단순한 동작에도 10개 이상이 필요하다.

제어 보드(Control Board): 제어 보드는 사람의 두뇌와 같은 역할을 한다. 로봇은 제어 보드를 통해 액추에이터, 즉 움직임을 제어한다. 사람의 명령도 이해한다. 제어 보드의 성능이 뛰어날수록 로봇의 능력도 커진다.

배터리(Battery): 로봇은 전기에너지로 움직인다. 고정된 장소에서 작업하는 일부 산업용 로봇을 제외하면 대부분의 로봇은 이동을 요한다. 따라서 콘센트에 플러그를 연결해서 쓰기에는 한계가 있다. 그 한계를 배터리가 채워준다.

로봇공학자는 누구와 일할까?

혼자 로봇을 만들기는 현실적으로 어렵다. 각 분야 전문가들이 힘을 모아야 로봇을 만들 수 있다. 로봇공학자가 누구와 함께 로봇을 만드는지 알아보자.

로봇기구 개발자: 로봇의 움직임, 각 구성 요소들의 배치 등을 고려해서 프레임을 설계한다. 프레임 설계 외에 하드웨어와 소프트웨어를 통합해서 로봇을 조립하는 일, 조립 후 테스트하는 일까지 맡는다. 전체 작업 시스템을 검토하는 역할도 한다.

로봇 하드웨어 설계 기술자: 로봇의 자세와 동작을 제어하는 제어 보드를 설계한다. 각종 센서를 개발하고 설계하는 일도 한다. 하드웨어가 안정적으로 기능할 수 있도록 고장 예방 대책도 세운다.

로봇 소프트웨어 개발자: 제어 보드용 소프트웨어를 만든다. 제어 보드는 소프트웨어에 따라 여러 가지 기능을 갖는다.

로봇 디자이너: 설계된 프레임을 바탕으로 로봇의 외형을

디자인한다. 디자인할 때는 로봇의 기능, 실용성, 활용 분야, 미적 요소 등을 모두 고려한다.

로봇공학자라고 하면 얼핏 로봇기구 개발자를 떠올리기 쉽다. 그런데 함께 소개한 전문가들 모두 로봇공학자다. '로봇공학자'란 명칭은 그 의미의 폭이 넓다. 로봇 만들기에 관여하고 기여하는 사람은 모두 로봇공학자이다. 더 넓게 보면 로봇의 조작과 수리를 담당하는 로봇 오퍼레이터도 로봇공학자에 포함된다.

이들 전문가 외에도 인공지능 전문가, 영상처리 전문가 등도 로봇 제작에 참여한다. 어느 하나 중요하지 않은 분야가 없다. 팀플레이에서는 누구 하나만 흔들려도 팀 전체가 휘청거린다. 로봇 제작은 정말 끈끈한 팀플레이가 필요하다. 가령 프레임 설계가 조금만 잘못되어도 로봇의 형태나 움직임은 엉성해진다. 그런 로봇은 쓸모없는 고철덩어리로 취급받을 뿐이다.

2장
로봇공학자가
되기까지

로봇과
친해지기

영화 속 로봇과 현실의 로봇

로봇을 소재로 한 영화는 로봇을 공부하는 데 도움이 된다. 영화 속 로봇은 마치 로봇공학자 혹은 인간이 꿈꾸는 로봇의 '미리 보기' 같다. 영화에 등장하는 로봇은 현실에 존재하는 로봇보다 한참 앞서간다.

마블 히어로 가운데 하나인 아이언맨이 딱 그렇다. 아이언맨은 영화 〈아이언맨〉 시리즈와 〈어벤져스〉의 주인공이다. 평소엔 평범한 사람인데, 철갑옷만 입으면 무적의 영웅으로 변신한다. 그 철갑옷이 바로 로봇이다. 로봇에는 옷처럼 입는 로봇이 있다. 그런 의미에서 '웨어러블(wearable) 로봇' 또는 '외골격 로봇'이라고 한다.

아이언맨의 웨어러블 로봇을 입으면 하늘을 날 수 있다.

로봇의 손과 발에 추진 장치가 있어서 날개 없이도 자유자재로 난다. 현실에서는 사람 키보다 훨씬 큰 로켓을 몸에 매달아야만 가능한 일이다. 그런데 아이언맨의 로봇은 로켓의 추진력을 연료 없이 전기에너지로만 얻는다. '아크 리엑터(arc reactor)'라는 장치로 막대한 전기에너지를 지속적으로 발생시킨다. 의도적으로 번개를 일으켜 전기에너지를 얻는 방식이라 볼 수 있다. 현실에서는 그나마 핵융합 기술로 아크 리엑터를 비슷하게나마 구현할 수 있다고 한다. 그러나 그런 에너지 발생 장치를 웨어러블 로봇에 장착할 만큼 작게 만드는 것은 불가능에 가깝다고 한다.

현실의 웨어러블 로봇은 사람의 근력을 높여주는 정도의 수준이다. 1960년대 미국 해군이 팔에 장착하는 웨어러블 로봇을 개발한 것이 그 시초다. 팔에 로봇을 착용한 군인은 무려 680킬로그램의 무게를 들 수 있는 근력을 뿜어냈다. 2010년 미국 방위 산업체에서 온몸에 걸치는 전신형 웨어로블 로봇 'XOS2'를 개발했다. XOS2를 입으면 90킬로그램의 짐을 짊어지고 시속 16킬로미터로 달릴 수 있었다. 마라톤 선수가 달리는 평균 속도가 시속 20킬로미터라고 하니, 놀라운 능력이 아닐 수 없다.

군용으로 출발한 웨어로블 로봇은 장애인에게 큰 희망이 되고 있다. 뇌파를 읽어 움직이는 의족과 의수, 근육의 움직임을 읽어 작동하는 손목·손가락 재활 로봇 등이 바로 희망 전도사다. 이와 같은 웨어러블 로봇은 아직 널리 일반화되지는 않았지만, 시장 규모가 점점 커지고 있는 상황이다.

웨어러블 로봇은 노동자에게도 희망이다. 움직임을 도와주고 큰 힘을 실어주기에 노동자는 그만큼 지치지 않고 일할 수 있다. 노동자의 피로도가 낮아지면 안전사고 위험도 줄일 수 있다. 실제로 미국 포드 자동차는 2017년 11월 웨어러블 로봇 '엑소 베스트(Ekso Vest)'를 공장에 투입했다. 이 셔츠 형태의 로봇은 머리 위로 팔을 들어 작업하는 노동자의 피로를 덜어주었다. 그 결과 노동자들의 근로 만족도는 상승했고, 안전사고는 줄어들었다.

현실과 가까운 영화 속 로봇

아이언맨의 웨어러블 로봇은 현실과 거리가 멀다. 〈트랜스포머〉의 로봇들은 '살아 있는 금속 생명체'라는 점에서 나가도 너무 나갔다. 태권브이와 또봇도 오십보백보다. 그나마 현실적인 로봇은 〈리얼 스틸〉에 등장하는 로봇들이다.

2011년에 선보인 〈리얼 스틸〉은 로봇 복싱 경기를 다룬 영화다. 영화에서는 키 2미터 50센티미터, 몸무게 900킬로그램에 달하는 로봇 복서들이 치열하게 권투 경기를 치른다. 로봇 복서는 링에서 싸우고, 인간 프로모터는 돈을 벌어들인다. 영화의 시간적 배경은 2020년으로, 제작 당시 미래 이야기를 그린 것이다. 하지만 2020년에 '영화 같은 일'은 일어나지 않았다. 2021년 지금도 로봇 복서는 없다. 로봇공학자들이 로봇 복서에, 대중들이 로봇 복싱에 별 관심이 없어서일까? 아니면 기술이 부족해서일까?

〈리얼 스틸〉의 로봇 복서들은 미리 입력한 패턴대로만 복싱을 할 수 있다. 말도 못하고, 재난구조도 못한다. 로봇 청소기 정도의 인공지능도 없다. 그래서 현실적이다. 아직 현실에는 인간 복서처럼 머릿속으로 작전을 구사하고 상대의 동작을 읽으며, 기합 소리와 함께 펀치를 날리는 로봇 복서는 없다.

〈리얼 스틸〉의 로봇은 복싱 동작으로만 보면 현실적으로 탄생 가능성이 있다. 재난구조 로봇이나 로보컵의 축구 로봇에게서 보듯 로봇의 '동작' 기술 수준은 점점 올라가고 있다. 물론 만족할 만한 수준은 아니다. 재난구조 로봇의 능수능란한 구조 활동은 아직 멀었다. 로보컵의 챔피언은 2050년에야 인간 월드컵 우승팀과의 경쟁을 벼르고 있으니 말이다. 영화 속 로봇 복서의 다양한 복싱 동작도 지금 기술로는 어렵다.

하지만 로봇공학자들이 마음먹고 달려든다면 머지않은 미래에 실현할 수 있을 것이다. 로봇 복서의 실용성과 로봇 복싱의 상업성은 좀 더 고민해야 할 문제이긴 하다.

정보 수집과 분석은 민감하게

2021년 7월 5일, 인천국제공항공사가 소독로봇 2대, 방역안내로봇 6대를 도입했다는 소식이 언론에 보도되었다. 로봇 도입의 목적은 스마트 방역 인프라 강화였다. 우리나라 공항에서 방역에 로봇을 투입하는 것은 처음이었다.

방역 로봇들은 5G(5세대 이동통신) 무선통신으로 공항 내 방역 현황을 실시간으로 파악해 전달할 수 있도록 설계되었다. 그들은 우선 제2여객터미널 입국장에 배치되어 고유 업무를 수행한다.

먼저 소독로봇은 인체에 무해한 UV-C(자외선의 일종) 램프로 자동 소독을 한다. 입국 게이트에서 검역대까지 입국자 동선에 따라 스스로 움직이며 카펫과 공기 중의 바이러스를 잡는다.

방역안내로봇은 인천공항 입국장 안을 자율주행하며 방역 지침 미준수자에게 방역 사항을 안내한다. 마스크를 안 썼거나 열이 나는 상태로 입국장을 어슬렁대다 방역안내로봇에게 들키면 그 자리에서 지적을 당할 것이다.

로봇공학자를 꿈꾼다면 최신 로봇 뉴스에 늘 관심을 기울이는 것이 좋다. 우선 뉴스를 통해 로봇에 쓰인 기술을 접할 수 있다. 또한 시대 상황에 따라 어떤 쓰임새의 로봇이 필요한지, 바꿔 말해 대중이 무엇을 원하는지 파악할 수도 있다. 인천공항 방역 로봇들은 코로나 시대에 필요한 로봇이었다. 시기적절한 로봇을 만드는 일은 로봇공학자에게 큰 보람을 안긴다. 많은 사람에게 도움을 주기 때문이다.

뉴스에서 소개한 로봇을 보고 나름대로 개선점이나 보완점을 고민하는 일도 바람직하다. 그것은 로봇공학자라면 당연히 가져야 할 고민이다. 가령 '인천공항 방역안내로봇에 방역 지침을 지키지 않은 사람을 발견했을 때 곧바로 살균소독제를 뿌리는 기능을 추가하는 것은 어떨까?'라고 생각해보자. 생각은 남의 눈치 볼 것 없이 자유롭게 하면 된다. 로봇은 언제나 생각, 즉 상상에서 출발한다.

로봇
체험하기

전시회와 박물관에 가면 생기는 일

체험만큼 효과적인 공부는 없다. 로봇 전시회와 박물관은 로봇 체험에 알맞은 학습장이다. 로봇의 역사, 변천사, 세계 각국의 로봇 등을 배울 수 있고, 로봇 조종, 로봇 만들기 등도 체험할 수 있다.

대표적인 로봇 전시회에는 '로보월드'와 '로봇융합페스티벌'이 있다. 산업통상자원부에서 주최하는 '로보월드'는 세계 3대 로봇 전시회 가운데 하나다. 해마다 10월 무렵 일산 킨텍스에서 열린다. 세계 25개국 200개의 로봇 관련 회사가 참가한다. 또한 제조업 및 서비스 분야 로봇을 비롯해 온갖 로봇 부품과 첨단 기술을 접할 수 있다. 알찬 강연도 들을 수 있고, 로봇 업계 종사자를 직접 만날 수 있는 기회도 생긴다.

'로봇융합페스티벌'은 대전광역시가 주최하는 로봇 축제이다. 여기에서는 로봇 전시, 로봇 체험 행사, 전문가 강연, 로봇 경진 대회가 펼쳐진다. 이 중에서 로봇 경진 대회는 이 축제의 꽃이다. 축제에 참여하는 기관이 저마다 독특한 대회를 주관한다. 특히 '2021 국제청소년로봇대회'에 주목해보자. 해당 대회에는 초등학생과 중고등학생을 대상으로 한 '로봇창작챌린지' 종목이 있다. 도전자들은 로봇 키트를 활용한 창작 로봇을 출품하고 심사위원의 평가를 받는다.

전시회 일정을 놓쳤다면 박물관으로 가보자. 박물관의 문은 휴관일만 빼고 늘 열려 있다. 각 박물관마다 특색 있는 전시, 체험, 교육 프로그램 등을 마련하고 있으므로 잘 활용한다면 재미와 공부 두 마리 토끼를 모두 잡을 수 있을 것이다.

로봇 박물관

박물관	특징	문의	소재지
고양로봇 박물관	· 드론 공연 · 로봇 댄스 공연 · 로봇 복싱 체험	· 031–963–8511 · www.themezoozoo.or.kr	경기도 고양시
브이센터	· 태권브이 기지 재현 · 탑승 로봇 체험	· 070–4278–8470 · www.tkvcenter.com	서울시 강동구

부천로보 파크	· 비행 전투 시뮬레이션 · 휴머노이드 로봇 교육	· 070-7094-5479 · www.robopark.org	경기도 부천시
로보 라이프 뮤지엄	· 로봇의 원리 및 동작 체험 · 로봇 만들기 체험 · 각종 로봇 관련 교육	· 054-279-0427 · www.m.kiro.re.kr	경상북도 포항시
토이 로봇관	· 거미 로봇 조작 체험 · 드론 조종 체험 · 로봇 댄스 공연	· 033-245-6460 · www.animation-museum.com	강원도 춘천시

*2021년 기준

미리 체험하는 로봇공학자

진로 체험 교육에서는 특정 직업에 대한 이론과 실무를 배울 수 있다. 이같은 프로그램은 직업 이해도를 높이는 데 도움이 된다. 진로를 설정할 때 높은 직업 이해도는 그 쓸모가 쏠쏠하다. 현명한 판단을 내릴 수 있도록 길잡이가 되어주기 때문이다.

이런 장점을 지닌 진로 체험 교육을 여러 곳에서 접할 수 있다. 가장 먼저 눈을 돌릴 곳은 공공기관이다. 로봇 산업의 발전을 위해 노력하는 한국로봇산업진흥원은 초·중학생을 대상으로 '로봇창의교육사업'을 운영하고 있다. 이 사업의 목적은 '창의융합형 인재'라는 미래 인재를 길러내는 것이다. 그 목적에 따라 로봇, 예술, 인공지능이 융합된 진로 체험 교육을 실시한다. 로봇으로 그림 그리기, 오페라 무대 재현하기, 코딩*으로 로봇의 움직임 제어하기 등의 프로그램으로 참가자들에게 호응을 끌어내고 있다.

2021년 2월 인천 연수구의 연수구청소년진로지원센터는 '진로 택배'라는 비대면 진로 체험을 진행했다. 참여 학생은 직업 키트와 진로탐색 활동지를 택배로 받은 뒤 센터가 온라인으로 전송하는 강의 영상을 시청하며 체험 활동을 했다. 코로나 상황에서 마련한 '진로 택배' 프로그램은 로봇공학자 직업 체험이었다. 참가자들은 로봇 개발 및 직업 교육 서비스 기업 로보메카에서 지원한 키트로 아두이노(arduino)** 마스크 살균기를 만들었다.

연수구청소년진로지원센터는 청소년 복지 시설이다. 이와 같은 복지 시설이 '진로직업체험지원센터', '진로진학지원센터', '청소년미래진로센터' 등의 이름으로 지역 곳곳에서 운영되고 있다. 해당 복지 시설 홈페이지나 지역 신문

---

* 컴퓨터가 사람의 명령을 알아듣도록 컴퓨터 언어로 입력하는 일. '로봇 코딩'이란, 로봇이 사람의 명령을 따를 수 있게 코딩을 통해 로봇의 동작을 조종하는 것이다.

** 단순한 로봇이나 동작 감지기 같은 디지털 장치를 만들 수 있는 교육용 도구. 명령을 수행하고 처리할 수 있는 기본적인 장치가 되어 있어서 컴퓨터 언어를 몰라도 무방하다.

등을 평소 꼼꼼히 살피면 유익한 로봇 체험 기회를 얻을 수 있다.

학교에서도 로봇공학자 체험 교육을 한다. 대학, 전문가 단체, 진로 체험 서비스 기업들이 나서서 4차 산업혁명 시대를 살아갈 학생들에게 미래를 준비할 기회를 선사한다. 교육부는 학교가 우수한 진로 체험 기관을 발굴할 수 있도록 '꿈길'을 통해 돕는다. '꿈길'은 교육부가 운영하는 서비스 플랫폼이다. 지역사회의 진로 체험 기관과 프로그램을 관리하고, 학교의 진로 체험 교육을 지원한다. 여기에서도 로봇 관련된 정보를 찾을 수 있다.

로봇공학자는 로봇을 만든다

로봇공학자는 로봇을 만드는 사람이다. 그러므로 로봇을 손수 만들어보는 것만큼 좋은 공부는 없을 것이다. 그런데 로봇 만들기는 로봇공학자에게도 어려운 일이다. 기계공학, 전기전자공학, 컴퓨터공학에 관한 지식을 갖추는 일부터 만만치가 않다. 비용 또한 큰 골칫거리다. 로봇은 마음만으로는 실현하기 힘든 창조물이다.

이럴 때 로봇 키트부터 시작해보면 어떨까? 로봇 키트 만들기는 일종의 준비운동이다. 준비운동을 하면서 지식을 쌓고 용돈도 모을 수 있는 시간을 벌자.

로봇을 만들 수 있는 지식과 경제적 여건이 조금 나아졌다면 단순한 로봇부터 직접 만들어보자. 부품과 재료는 공구상가를 부지런히 돌면 어지간한 건 다 구할 수 있다. 번듯한 로봇이 아니더라도 자신만의 로봇을 만든 경험은 큰 자산으로 남는다. 되도록 친구 또는 마음 맞는 사람과 모둠을 지어 만들기를 권한다. 여럿이 힘을 모으면 공부 부담도, 경제적 부담도 덜 수 있다. 지혜를 모을 수 있으니, 더 좋은 성과를 얻을 가능성도 높아진다. 같은 이유로 로봇공학자들 역시 함께 로봇을 만든다.

로봇에 뜻이 있는 친구를 찾기 어렵다면 로봇 동호회나 학교 로봇 동아리의 문을 두드려보자. 특히 학교 로봇 동아리는 학교에서 지원을 받는 경우도 있어서 한결 유리하다.

로봇 대회를 목표로

로봇 동호회나 로봇 동아리에 몸담았다면 로봇 대회에 도전해보자. 로봇 대회에 참가하면 공동의 목표가 생겨 공동체를 더욱 끈끈하게 묶어준다. 지식과 기술을 나누는 과정에서 전문성도 키울 수 있다.

물론 협업 과정에서 갈등과 의견 충돌은 피할 수 없다. 그러나 이를 이겨내면 더 탐스러운 열매를 맺을 수 있다. 공동체를 괴롭히는 문제는 원활한 의사소통, 상대에 대한 인정, 적극적인 경청으로 너끈히 풀어낼 수 있다. 이 세 가지 자세는 공동체 생활의 지혜이다. 지혜가 부족하면 최악의 경우 공동체가 무너지기도 한다. 그렇다고 좌절할 필요는 없다. 무너짐도 배움이다. 훗날 새 공동체를 지었을 때 그 배움이 톡톡히 약효를 발휘할 것이다.

앞서 '로봇융합페스티벌'의 로봇 대회를 소개했다. 그 밖에 청소년이 도전할 만한 로봇 대회를 몇 가지 더 알아보자.

[로봇랜드 전국 지능로봇 경진대회]

경상남도가 주최하고 경남로봇랜드재단이 주관하는 대회이다. 특히 2020년 대회는 휴머노이드를 활용한 '로봇 크래프트' 종목으로 인기를 끌었다. 로봇 세 대가 한 팀이 되어 정해진 시간 안에 LED를 자신의 팀 색으로 많이 변경하면 승리하는 방식이다. 참가자는 주최측에서 제공한 휴머노이드 키트로 로봇을 사전 제작했다. 관련 자료는 홈페이지를 통해 자세히 알아보자.

■ 홈페이지: www.gnrobot.or.kr

[전국 학생 로봇 경진대회]

사단법인 한국학교로봇교육진흥회가 주최하는 대회이다. 2019년 대회는 제작 기획서를 미리 제출하고, 그 기획서 대로 만든 로봇을 출품하는 방식으로 진행했다. 정성껏 기록한 제작 일지 첨부도 필수였다. 대회 당일 참가자는 저마다 자신이 만든 로봇을 시연하며 기량을 뽐냈다. 로봇은 꿈꾸는 대로 자유롭게 만들 수 있었지만, 가로 60센티미터, 세로 90센티미터의 시연 공간보다 크면 점수가 깎였다.

■ 홈페이지: www.kaorea.co.kr

[국제로봇올림피아드 한국 대회]

국제 규모의 청소년 로봇스포츠 대회로, 국제로봇올림피아드 위원회에서 주관한다. '응급 구조', '로봇파밍', '로봇 게더링' 등 10여 개 종목을 실시한다. '응급구조'는 재난 상황 경기장에서 휴머노이드로 다양한 미션을 완수하는 종목이다. '로봇파밍'에서 로봇은 농부로 변신한다. 역시 휴머노이드가 블록을 옮겨 밭을 일구고, 나무도 심는다. '로봇 게더링'은 기록 경기다. 빠른 시간에 모든 목표물을 지정된 장소로 옮기는 로봇이 이긴다.

■ 홈페이지: www.iroc.kr

정규 교육과정
따라가기

대학의 빛과 그림자

《살인자의 기억법》으로 유명한 소설가 김영하는 문학 전 공자가 아니다. 경영학 석사 출신이다. 그는 등단 때부터 줄곧 개성 있고 참신한 소설을 쓴다는 평을 받아왔다. 개성 과 참신성은 모든 작가에게 요구되는 특성이다. 김영하처 럼 문학이 아닌 다른 학문을 전공한 작가들에게서 이런 특 성이 두드러지는 경우가 왕왕 있다. 열린 사고가 가능한 덕 분이다. 문학 전공자는 문학의 정형화된 틀에 갇힐 위험이 상대적으로 크다.

로봇공학자도 마찬가지다. 대학에서 로봇공학을 전공해 야만 로봇공학자가 될 수 있는 것은 아니다. 로봇공학자의 기본 덕목인 창의성은 '잡학'을 공부한 사람이 더 반짝일 수 있다. 이른바 '덕후(한 분야에 광적으로 열중하는 사람)'가 박사 학위자보다 더 기발한 로봇을 만들어낼 수 있다는 뜻이다.

하지만 대학이 주는 장점이 분명 있다. 로봇은 깊은 지식과 첨단 기술의 결정체다. 덕후 기질만으로 로봇 제작에 필요한 지식과 기술을 갖추는 것은 어렵다. 대학은 이 벅찬 문제를 해결하는 데 도움을 준다. 또 한 가지 장점은 환경이다. 대학에는 교수부터 선배, 동기, 그리고 장차 만나게 될 후배까지 로봇에 열정적인 사람들이 모여 있다. 이런 사람들과 함께 로봇을 연구하고, 또 만들 수 있는 환경은 축복에 가깝다. 어디에서도 찾아보기 힘든 환경이다. 물리적 환경 또한 우수하다. 로봇을 만들려면 연구할 공간, 토의할 공간, 제작할 공간이 필요하다. 대학은 그 필요를 채워준다.

대학에서 무엇을 배울까?

로봇을 설계하려면 기계공학은 필수다. 로봇 설계에 흥미를 느끼고 기계 만지는 데 소질이 있다면 기계공학 계통을 전공하는 것이 유리하다. 대학의 관련 학과에서는 로봇과 같은 기계를 설계하고 제작하는 데 필요한 지식과 기술을 익힐 수 있다. 로봇의 동작을 제어하는 데는 전기전자 및 제어계측 분야의 지식이 쓰인다. 로봇에는 각종 제어장치, 모터, 전기 회로 등을 장착하는데, 이들 장치를 효율적으로 다루려면 전기전자공학과 제어계측공학을 공부하는 것이 좋다. 로봇이 스스로 판단해 움직이고 상황에 맞게 반응하게 만드는 일은 컴퓨터공학자의 몫이다. 이런 작업은 컴퓨터 프로그래밍으로 하기 때문이다.

이렇게 적어도 세 가지 공부를 해내야 하므로 로봇은 혼자 만들기 어렵다. 각 분야에 자신 있는 로봇공학자끼리, 즉 '적어도' 세 명이 함께하는 것이 현명한 선택이다.

메카트로닉스(Mechatronics)라는 다소 생소한 이름의 학문도 대학에서 배울 수 있다. 메카트로닉스는 '기계공학(Mechanics)'과 '전자공학(Electronics)'의 합성어다. 그 이름에 걸맞게 대학의 메카트로닉스공학과에서는 기계공학과 전자공학을 모두 가르친다.

로봇에 대해 보다 체계적으로 배우고 싶다면 로봇 관련 학과의 문을 두드리기를 추천한다. 로봇공학과, 지능로봇공학과, 로봇제어계측공학과 등의 로봇 관련 학과는 앞서 언급한 학문을 통합적으로 공부할 수 있다. 로봇 자체를 하나의 학문으로 여기고 로봇 개발자 키우기를 목표로 세운 학과이기에 실질적인 도움을 받을 수 있다.

로봇공학 관련 전공 개설 현황

대학교	로봇공학 관련 전공
강원대학교	· 기계시스템공학부 · 전기제어계측공학부 · 전자정보통신공학부
건국대학교	· 기계항공공학부 · 전기전자공학부 · 컴퓨터공학부
경남대학교	· 기계공학부 · 컴퓨터공학부 · 전기공학과 · 전자공학과
경북대학교	· 기계공학부 · 전자공학부 · 컴퓨터학부 · 전기공학과 · 융합학부 로봇 및 스마트시스템공학 전공
경성대학교	· 컴퓨터학부 · 전기공학과 · 전자공학과 · 메카트로닉스공학과
고려대학교	· 기계공학부 · 전기전자공학부
공주대학교	· 기계자동차공학부 · 전기전자제어공학부 · 컴퓨터공학부
광운대학교	· 로봇학부 · 전기공학과 · 전자공학과

대학교	로봇공학 관련 전공
국립목포대학교	· 기계공학과 · 전기 및 제어공학과 · 컴퓨터공학과
국민대학교	· 기계공학부 · 전자공학부
군산대학교	· IT 정보제어공학부 · 기계융합시스템공학부 · 전기공학과 · 전자공학과
동국대학교	· 전자전기공학부 · 기계로봇에너지공학과 · 컴퓨터공학전공
동명대학교	· 기계 · 로봇공학부 · 컴퓨터공학부
동아대학교	· 기계공학과 · 전기공학과 · 전자공학과
동서대학교	· 전자공학과 · 컴퓨터공학과 · 메카트로닉스공학과
동의과학대학교	· AI 전자과
동의대학교	· 기계자동차로봇부품공학부 · 컴퓨터공학과
명지대학교	· 기계공학과 · 전기공학과 · 전자공학과 · 컴퓨터공학과

대학교	로봇공학 관련 전공
목원대학교	· 전기전자공학과 · 로봇학과 · 컴퓨터공학과
부경대학교	· 기계공학과 · 전기공학과 · 전자공학과 · 제어계측공학과 · 컴퓨터공학과
부산대학교	· 기계공학부 · 전기공학과 · 전자공학과 · 나노메카트로닉스공학과 · 광메카트로닉스공학과
배재대학교	· 전기공학과 · 전자공학과 · 드론 · 철도 · 건설시스템공학과 드론로봇공학트랙
서강대학교	· 공학부 기계공학 전공 · 공학부 전자공학 전공 · 공학부 컴퓨터공학 전공
서울과학기술대학교	· 기계시스템디자인공학과 · 기계 · 자동차공학과
서울대학교	· 기계공학부 · 전기 · 정보공학부 · 컴퓨터공학부
서울시립대학교	· 전자전기컴퓨터공학부 · 기계정보공학과

대학교	로봇공학 관련 전공
성균관대학교	· 기계공학부 · 전자전기공학부 · 바이오메카트로닉스학과
세종대학교	· 기계항공우주공학부 · 전자정보통신공학과
숭실대학교	· 기계공학부 · 전기공학부
연세대학교	· 기계공학부 · 전기전자공학부 · 컴퓨터 · 산업공학부
인천대학교	· 컴퓨터공학부 · 기계공학과 · 전기공학과 · 전자공학과 · 메카트로닉스공학과
인하대학교	· 기계공학과 · 전기공학과 · 전자공학과
전남대학교	· 기계공학부 · 전기공학과 · 전자공학과 · 컴퓨터전자통신공학과
조선대학교	· 기계시스템미래자동차공학부 · 전자공학부 · 기계공학과 · 전기공학과 · 컴퓨터공학과

대학교	로봇공학 관련 전공
중앙대학교	· 기계공학부 · 전자전기공학부 · 소프트웨어학부
창원대학교	· 기계공학부 · 전기전자제어공학부 · 전기전자제어공학부 로봇제어계측공학 전공 · 컴퓨터공학과
충남대학교	· 기계공학부 · 컴퓨터융합학부 · 전기공학과 · 전자공학과 · 메카트로닉스공학과
충북대학교	· 기계공학부 · 전기공학부 · 전자공학부 · 지능로봇공학과 · 컴퓨터공학과
포항공과대학교	· 기계공학과 · 전자전기공학과 · 컴퓨터공학과
한국과학기술원 (KAIST)	· 전기밎전자공학부 · 전산학부 · 기계공학과
한국산업기술 대학교	· 전자공학부 · 컴퓨터공학부 · 기계공학과 · 기계설계공학과 · 메카트로닉스공학과

대학교	로봇공학 관련 전공
한국폴리텍대학 로봇캠퍼스	· 로봇기계과 · 로봇전자과 · 로봇자동화과 · 로봇 IT과
한국해양대학교	· 기계공학부 · 전자전기정보공학부 · 제어자동화공학부
한동대학교	· 기계제어공학부 · 전산전자공학부
한밭대학교	· 기계공학과 · 전기공학과 · 전자공학과 · 컴퓨터공학과
한성대학교	· 기계전자공학부 · 컴퓨터공학부 · IT 융합공학부
한양대학교	· 기계공학부 · 전자공학부 · 융합전자공학부 · 컴퓨터소프트웨어학부 · 로봇공학과
호서대학교	· 기계자동차공학부 · 컴퓨터공학부 · 로봇공학과 · 전기공학과 · 시스템제어공학과

대학교	로봇공학 관련 전공
홍익대학교	· 전자전기공학부 · 컴퓨터 · 데이터공학부 · 기계 · 시스템 디자인공학과 · 전자전기융합공학과 · 소프트웨어융합학과

*2021년 기준

로봇 인재를 키우는 로봇 고등학교

중학생인데 로봇공학자가 꿈이라면 로봇 고등학교에 진학하는 것도 좋은 방법이다. 로봇 고등학교는 로봇 인재를 키워 취업시키는 것이 핵심 목표이다. 그 목표를 이루기 위해 교과 과정에 기업체에서 원하는 지식과 기술을 대폭 반영한다. 기업체 수준의 시설과 기자재로 전문적인 교육을 실시하기에 교육의 질이 무척 높다. 또한 기업체와 채용 협약을 맺기도 해서 취업률도 높다.

우리나라에는 경남로봇고등학교와 서울로봇고등학교, 두 개의 로봇 고등학교(2021년 기준)가 있다. 본래 조일로봇고등학교까지 3개교였으나, 이 학교는 2018년에 소방안전과, 공군부사관과 등을 신설하면서 조일고등학교로 이름을 바꿨다. 교명이 달라지면서 로봇 고등학교만의 특색이 희미해졌다. 그래도 전자기계과에서 로봇에 관한 지식과 기술을 가르치고 있다.

경남로봇고등학교는 특성화고등학교로, 경상남도 함안군에 있다. '스마트로봇전기과', '로봇소프트웨어과', '로봇제어전자과'를 개설해 로봇 인재를 양성하고 있다. 2020년에 '교육기부 진로 체험 인증기관'으로 선정되어 학생들에게 더 알찬 진로 체험 교육[●]을 제공하고 있다. 경남로봇고등학교에는 기숙사도 마련되어 있다. 먼 거리에 사는 학생에게 우선권을 주므로 타 지역에 살아도 안심하고 지원할 수 있다.

서울 강남구의 서울로봇고등학교는 '첨단로봇 설계과', '첨단로봇 제어과', '첨단로봇 시스템과', '첨단로봇 정보통신과'를 개설해 로봇 집중 교육을 하고 있다. 역시 멀리 사는 학생을 우선 선발하는 기숙사를 갖추고 있다. 또한 중학생 로봇 꿈나무를 대상으로 '서울로봇·드롯 경진 대회'를 주최하고 있다.

서울로봇고등학교는 마이스터고등학교다. 마이스터고등학교는 산업계의 수요에 직접 연계된 맞춤형 교육 과정을

●　교육부는 검증된 기관이 지역사회에 양질의 진로 체험 교육을 기부하도록 유도하기 위해 교육기부 진로 체험 인증제를 시행했다. 그에 따라 전국적으로 322개에 달하는 기관을 선발했다.

운영하는 특수 목적 고등학교이므로, 취업에 더욱 중점을 두고 교육한다. 따라서 대학 입시에서 특성화고에 비해 다소 불리한 면이 있다. 특성화고 학생에게 주어지는 '특성화고 수시 전형' 기회가 없기 때문이다. 즉 특성화고인 경남로봇고등학교 학생은 해당 제도에 따라 수시 전형으로 대학의 문을 두드려볼 수 있으나, 마이스터고인 서울로봇고등학교 학생은 이 수시 전형에 지원할 수 없다.

특성화고 학생이든 마이스터고 학생이든 본인이 원한다면 대학 진학이 가능하다. 정시 전형의 길은 둘 모두에게 열려 있다. 그러나 취업 교육에 집중한 상태로 입시 교육에 집중한 학생과 경쟁해야 하기 때문에 현실적으로 좁은 길이다. 재직자 특별전형은 둘에게 던져진 또 다른 선택지다. 우선 산업체에 취업한 뒤 36개월 이상 근무 경력을 쌓으면 대학에 지원할 수 있다.

자격과
자격증

로봇 관련 자격증

우리나라 정부는 2019년에 로봇 관련 국가 자격증을 만들었다. 4차 산업혁명 시대를 이끌어갈 로봇 인재를 키우고, 빠르게 성장하고 있는 로봇 시장에 대응하려는 것이 그 목적이었다. 현재 로봇 관련 국가 자격증은 3종이며, 자격증 시험은 한국산업인력공단에서 주관한다.

■ 로봇기구개발기사

① 관련 학과: 로봇공학과, 메카트로닉스공학과, 기계공학과 등 관련학과

② 시험 과목

• 필기: 로봇기구사양설계, 로봇기구설계, 로봇기구해

석, 로봇통합 및 시험
- 실기: 로봇기구개발 실무

③ 검정 방법
- 필기: 객관식 4지 택일형 과목당 20문항(과목당 30분)
- 실기: 복합형(필답형(2시간, 60점)+작업형(5시간 정도, 40점))

④ 합격 기준
- 필기: 100점을 만점으로 하여 과목당 40점 이상, 전과목 평균 60점 이상
- 실기: 100점을 만점으로 하여 60점 이상

■ **로봇하드웨어개발기사**

① 관련 학과: 로봇제어과, 로봇시스템공학과 등 로봇하드웨어설계관련 학과

② 시험 과목
- 필기: 로봇드라이버설계, 로봇제어부설계, 로봇 센서 및 신호처리, 로봇시스템 통합 및 시험평가
- 실기: 로봇하드웨어 개발 실무

③ 검정 방법
- 필기: 객관식 4지 택일형 80문항(2시간)
- 실기: 작업형(6시간, 100점)

④ 합격 기준

- 필기: 100점을 만점으로 하여 과목당 40점 이상, 전과목 평균 60점 이상
- 실기: 100점을 만점으로 하여 60점 이상

■ 로봇소프트웨어개발기사

① 관련 학과: 로봇공학과, 메카트로닉스공학과, 전기전자공학과, 정보통신공학과 등 관련학과

② 시험 과목

- 필기: 로봇운영소프트웨어, 로봇운동해석, 로봇소프트웨어구조설계, 모션소프트웨어, 지능소프트웨어
- 실기: 로봇소프트웨어 개발실무

③ 검정 방법

- 필기: 객관식 4지 택일형 과목당 20문항(과목당 30분)
- 실기: 작업형(5시간 정도, 100점)

④ 합격 기준

- 필기: 100점을 만점으로 하여 과목당 40점 이상, 전과목 평균 60점 이상
- 실기: 100점을 만점으로 하여 60점 이상

자격증에 '로봇'이란 두 글자는 들어가지 않지만, 메카트

로닉스기사, 기계설기기사, 기계설계산업기사, 전기산업기사, 컴퓨터응용가공산업기사 등의 자격증도 로봇공학자로 진출하는 데 도움이 된다. 이들 자격증 역시 한국산업인력공단에서 주관한다. 공식 홈페이지(http://www.q-net.or.kr)에서 자세한 사항을 확인할 수 있다.

민간 자격증 중에서는 한국정보통신자격협회에서 주관하는 지능형 로봇 자격증과 모바일로보틱스 자격증에 도전해볼 만하다. '지능형 로봇'이란 사람처럼 외부 환경을 스스로 감지하고, 필요한 작업을 알아서 실행하는 로봇이다. 휴보, 에버, 인천공항의 방역 로봇들이 그 예이다. 한국정보통신자격협회의 지능형 로봇 자격시험은 지능형 로봇을 제어할 수 있는 프로그램 작성 능력에 초점을 맞춘다. 모바일로보틱스 자격시험은 모바일로봇 제어시스템을 장착·운영하는 능력을 평가한다.

'모바일로봇'이란 'mobile(이동성을 가진 것)'이라는 단어의 뜻대로 이동을 반복하며 노동을 하는 로봇을 가리킨다. 식당에서 서빙하는 로봇, 병원 병실에 약품을 전달하는 로봇, 호텔 객실에 편의용품을 배달하는 로봇이 바로 그들이다.

로봇공학자에게 자격증이란?

로봇공학자가 되는 데 자격증은 필수가 아니다. 실제로

로봇공학자들 중에서 자격증을 가지고 있는 사람은 드물다고 한다. 자격증을 위한 공부보다는 로봇 한 대를 만들어보는 경험이 훨씬 값지다고 말하는 로봇공학자도 있다.

앞서 소개한 국가자격증을 정부가 만들었을 때 로봇 기업이나 로봇 대학, 즉 현장 일부에서는 시큰둥한 반응을 보이기도 했다. 이들은 자격증 제도가 획일적 인재를 찍어낼 위험이 있다고 우려했다. 창의적이고 융합적인 사고를 가진 인재가 활약할 4차 산업혁명 시대에는 창의적인 인재가 필요하다는 것이 이들의 주장이다. 또한 자격증 제도보다는 첨단 산업 인재를 육성하는 교육 제도 마련에 힘쓰자고 주장한다.

2019년에 생긴 국가 자격증이 현장에서 어떤 대우를 받을지는 좀 더 두고 봐야 할 듯하다. 아직 역사가 짧아 어떤 점이 좋은지, 또는 문제가 있는지 명확하지 않기 때문이다. 지금껏 민간 자격증은 대대적인 환영을 받지 못한 것이 사실이다. 민간 자격증이어서가 아니라 로봇 현장에서 자격증에 대한 요구가 그리 절실하지 않았기 때문이다. 주요 민간 자격증이었던 로봇기술자격증(제어로봇시스템학회 주관)이 2014년에 일시 폐지된 뒤 아직까지 부활하지 못하는 것을 보면 현실이 예전과 크게 달라졌다고 보긴 어렵다.

그렇다면 자격증은 무용지물일까? 자격증 공부는 시간

낭비일까? 그렇지 않다. 자격증이 로봇 기업에 취업하거나 로봇 학계에 입문하는 데 마이너스 요인이 되지는 않는다. 열정과 성실을 인증하는 증명서로 쓰일 수 있다. 열정적이고 성실한 사람을 싫어하는 곳은 없다. 또한 자격증 공부는 결국 본인에게 자양분이 된다. 스스로 공부해서 얻은 지식은 언젠가는 힘을 발휘하기 마련이다. 로봇 자격증을 준비하다 보면 더 폭넓은 공부가 필요하다는 것을 스스로 깨닫게 될 것이다. 로봇은 복합적인 지식과 다양한 첨단 기술의 산물이기 때문이다. 이 깨달음도 영양가 높은 자양분으로 쌓일 것이다.

석사 학위나 박사 학위도 일종의 자격증으로 보면 필수는 아니다. 물론 학위가 있으면 학계에서 활동하기가 쉽다. 그러나 박사라고 해서 로봇을 잘 만드는 것은 아니다. 로봇은 창의력을 다투는 승부의 장이다. 높은 학위가 뛰어난 창의력을 보장하지는 않는다.

학위가 없다면 로봇 기업으로 눈을 돌리는 것도 좋은 방법이다. 그곳에서도 로봇공학자로서의 경력과 명성을 얼마든지 쌓을 수 있다.

학위를 위해서가 아니라 로봇을 위해서라면 대학원 진학은 긍정적인 선택이다. 대학원은 로봇 공부 및 제작에 필요한 환경을 잘 갖추고 있다. 질 높은 환경은 질 높은 성과를 이루는 데 든든한 디딤돌이 된다.

로봇공학자의 자격

로봇공학자에게는 열정, 창의력, 상상력에 더해 바른 가치관이 필요하다. 비뚤어진 가치관으로는 '사람을 위한 로봇'을 만들어내기 어렵다.

한국직업정보시스템(WORKNET)에서는 로봇공학자의 가치관을 중요도에 따라 다음과 같이 나누었다. 중요도의 최고값은 100, 최저값은 0이다.

중요도	가치관	설명
92	타인에 대한 영향	타인에 대한 영향력을 발휘할 수 있다.
83	애국	국가를 위해 도움이 될 수 있다.
76	신체 활동	업무 시 신체 활동을 많이 하지 않아도 된다.
75	자율	자율적으로 업무를 해나갈 수 있다.
75	심신의 안녕	심신의 여유를 가질 수 있다.
63	성취	자신이 스스로 목표를 세우고 달성할 수 있다.
50	고용 안정	고용이 안정되어 있어서 정년까지 일할 수 있다.
29	다양성	업무가 정형화되지 않고 변화가 많다.

23	지적 추구	새로운 지식을 얻을 수 있다.
22	개인 지향	여러 사람과 어울려 일하기보다는 혼자 일할 수 있다.
21	경제적 보상	금전적 보상이 충분하다.
17	인정	타인에게 인정받을 수 있다.
9	이타	남을 위해 봉사할 수 있다.

*출처: 한국직업정보시스템 공식 홈페이지(www.work.go.kr)

'타인에 대한 영향'이 중요도가 가장 높다는 점에 주목할 필요가 있다. 로봇공학자가 사회에 미치는 영향이 크다는 뜻이다. 과학자들의 예측대로 로봇이 대중화되어 1인 1로봇 시대가 온다면 이 영향력은 더욱 커질 것이다. 그렇다면 로봇공학자의 영향력은 선한 영향력이어야 한다. 로봇공학자를 꿈꾸는 사람이라면 반드시 새겨야 할 점이다.

우리나라의 로봇 기업

"이젠 로봇·수소 … 대기업 '간판 사업' 줄줄이 바꿔단
다"

2021년 1월 13일 자 한국일보 기사의 헤드라인이다. 기
사에서는 굴지의 자동차 기업 현대자동차가 인공지능 로봇
사업에 1조 원을 투자하겠다는 소식을 전했다. 실제로 현
대자동차가 간판 사업을 자동차에서 로봇으로 바꿀지는 미
지수지만, 1조 원이라는 어마어마한 투자 금액만 보면 위
와 같은 헤드라인을 뽑을 만도 하다.

LG전자와 삼성전자는 현대자동차보다 일찍 로봇 산업
에 투자했다. LG전자가 2018년 선보인 서비스 로봇 '클로이'는 현재 병원, 호텔, 식당 등에서 열심히 일하고 있다. 2019년 삼성전자가 걷기 도우미용으로 내놓은 웨어러블 로봇 '젬스'는 이듬해 국제 표준 ISO 13482 인증을 받았다. ISO 13482는 신체 보조 로봇, 이동형 도우미 로봇, 탑승용 로봇 등 3가지 서비스 로봇에 대한 안전성 확보를 목적으로 2014년 국제표준화기구(ISO)에서 제정한 국제 표준이다. 삼성전자는 국내 기업 최초로 해당 인증을 받아 웨어러블 로봇 시장의 전망을 밝혔다.

이러한 소식들을 곰곰 되새겨볼 때 다음과 같은 결론을 내려도 무방할 듯하다.

"대기업의 로봇 투자는 이제 시작이다!"

그러나 로봇 시장을 주도하는 주인공들은 아직까지 중소·벤처기업에 머물러 있다. 어쩌면 로봇 산업은 벤처기업에게 더 알맞은 산업일지도 모른다. 로봇을 만드는 일 자체가 모험(venture, 사업상의 모험)이니까.

로봇으로 모험을 하고 있는 주목할 만한 로봇 회사들을 몇 곳 살펴보자.

로보티즈

로보티즈는 다르파 세계 재난구조 로봇 대회의 영웅 '똘망'을 만든 기업이다. 2005년에 '다이나믹셀'이라는 로봇

전용 액추에이터를 개발해 명성을 얻었다. 다이나믹셀에는 로봇이 움직이는 데 필요한 모터, 센서, 네트워크 감지기가 모두 담겨 있다. 이를 활용하면 로봇을 만드는 수고를 크게 덜 수 있다.

자율주행 로봇도 로보티즈의 주력 사업이다. 자율주행 로봇이란 자율주행 자동차처럼 스스로 판단해서 움직이는 로봇을 의미한다. 인천공학의 방역 로봇, LG전자의 클로이를 떠올리면 된다. 자율주행 로봇은 택배, 음식 배달, 물류, 방역, 안내, 순찰 등의 영역에서 활약이 기대된다.

뉴로메카

2013년에 출범한 뉴로메카는 산업용 로봇 분야에서 두각을 나타내고 있는 기업이다. 가격이 낮은 산업용 협동 로봇 시장 개척에 힘쓰고 있다. 2021년 6월 과학기술정보통신부 주관 우수기업연구소에 선정되기도 했다. '우수기업연구소 지정 제도'는 기술혁신 역량이 우수한 기업 부설 연구소를 선정하는 제도다.

산업용 협동 로봇 '인디' 시리즈는 뉴로메카의 대표 제품이다. 협동 로봇이란 사람과 같은 공간에서 특정 작업을 성공적으로 수행하도록 돕는 로봇을 뜻한다. 뉴로메카의 인디는 혁신적인 충돌 감지 알고리즘을 바탕으로 작업자의 안전을 보장하는 협동 로봇이다. 또한 인디 중에는 치킨을 튀기는 셰프 로봇, 커피를 타는 바리스타 로봇도 있다. 뉴로메카 홈페이지에서 이들의 활약상을 담은 영상을 만나볼 수 있다.

마로로봇테크

교육용 로봇 제작으로 출발했던 마로로봇테크는 지금 국내 최초로 주차로봇시스템의 상용화를 추진하고 있다. 2021년 7월, 그 성과가 세상에 알려졌다. 바로 주차로봇 '나르카'가 실증 시험에 들어갔다는 소식이었다. 나르카는 바닥에 까는 널빤지처럼 생겼다. 차량이 주차장 입구에 오면 나르카가 밑에서 차를 받치고 지정 주차공간으로 차를 옮긴다. 운전자는 주차장 입구에서 내리고, 나르카 혼자 주차를 하는 것이다. 운전자가 주차장 안에 들어갈 일이 없기 때문에 안전사고나 범죄의 위험이 없다. 출차도 간단하다. 주차장 출구에서 차량 번호를 입력하면 나르카가 또 알아서 가져다준다.

나르카를 활용하면 주차 공간을 30퍼센트 늘릴 수 있다. 실제로 실증 시험 장소로 쓰인 주차장은 주차면이 20개에서 26개로 늘어났다. 그런데 나르카가 상용화되려면 법적인 문제부터 해결하는 게 우선이다. 주차로봇과 관련한 주차장법 개정이 필요하다.

로보케어

2012년 설립한 로보케어는 2019년 기술신용평가기관
(TCB)에서 우수기술기업 인증을 받았다. 기술력만큼은 어
느 누구에게도 뒤지지 않는 기업이다. 세계 최초로 인간과
상호작용이 가능한 단체용 치매예방로봇 '실벗'을 개발한
곳이기도 하다. '실버세대의 벗'이란 의미를 지닌 실벗은
자율주행이 가능하며, 300여 종의 감정을 표현할 수 있다.
개인별 능력에 따른 맞춤형 두뇌 콘텐츠를 제공해서 노인
의 두뇌 활동을 활성화시킨다. 상용화에 성공한 실벗은 전
국적으로 수십여 곳의 치매안심센터, 보건소 등에서 활동
하고 있다.

얼음을 둥글게 깎아주는 휴머노이드 '아로'도 로보케어의
자랑거리다. 네모난 얼음을 둥글게 깎으면 녹는 속도가 대
폭 줄어든다. 얼음을 넣은 시원한 음료수를 오랜 시간 홀짝
이고 싶다면 아로를 곁에 두는 것도 괜찮은 방법이다.

클로봇

클로봇은 클라우드 로봇 서비스 전문 업체다. 클라우드
로봇이란 인공지능 엔진을 인터넷을 통한 저장 공간인 클

라우드에 두고 있는 로봇이다. 쉽게 말해 두뇌가 로봇 머릿속에 있는 게 아니라 클라우드 센터에 있다는 뜻이다. 클라우드 로봇은 인지한 정보를 클라우드에 보내고, 클라우드에서 분석한 결과에 따라 움직인다.

가령 배달 로봇이 주택 사진으로 배송 장소를 찾을 경우 클라우드 센터에서 배달할 집을 찾아 로봇에게 인지시키는 방식이다. 인공지능 로봇을 클라우드 로봇으로 만들면 비용을 크게 줄일 수 있다. 인공지능 구현을 위해 필요한 하드웨어를 로봇에 장착할 필요가 없기 때문이다.

'크롬스'는 클로봇이 자랑하는 클라우드 로봇 관리 시스템이다. 멀티 로봇 관리 시스템이어서 여러 대의 로봇을 효율적으로 운영할 수 있다. 제조사나 운영 체제가 다른 로봇들이 모여 있어도 크롬스만 있으면 일괄적으로 관리 가능하다. 크롬스는 전라북도 전주시 산업단지의 환경을 감시하는 환경감시로봇과 유명 브랜드의 PC방 서빙 로봇 등에 적용된 바 있다.

3장
로봇공학자로 살아간다는 것

로봇공학자의
좋은 점

아무도 모르는 창조의 기쁨

로봇을 만드는 일은 정말 어렵다. 유명한 로봇공학자들도 로봇 한 대를 만드는 데 필사적으로 매달린다. 아기를 낳듯 진땀을 빼도 실패를 거듭하는 분야이다. 공부할 것은 좀 많은가. 수학, 과학 같은 기초학문은 기본이고, 온갖 공학 지식과 첨단 기술도 익혀야 한다. 경제적인 문제도 결코 가볍지 않다. 그야말로 수많은 난관을 헤쳐 나가야만 로봇을 만들 수 있다.

그러나 어려움이 클수록, 고생이 심할수록 그 열매의 맛은 더 달콤한 법이다. 땀과 눈물로 만들어낸 로봇은 말로 표현할 수 없는 성취감을 준다. 쇳조각들을 모은 덩어리가 꿈틀거리고, 물건을 집고, 묻는 말에 대답까지 할 때 로봇공학자는 감동을 받는다. 생명체와도 같은 로봇을 자신의 두 손으로 만들었다는 사실에 희열을 느낀다. 그 감동과 희열은 로봇을 만드는 로봇공학자만 안다.

로봇을 만들고 사람을 얻다

로봇공학자들이 함께 로봇을 만들기로 작정한 순간 그 상상 속 로봇은 공동의 목표가 된다. 마음을 한데 모으지 못하면 목표를 이룰 가망이 낮아진다. 월드컵에 출전한 축구팀이 분열을 일으킬 때 FIFA컵[*]이 떨어지는 것과 같은 이치다. 2018년 러시아 월드컵에서 축구 강국 아르헨티나는 메시라는 우주 최강 스타를 보유하고도 16강전에서 탈락했다. 이때 감독과 선수들 사이에 불화설이 돌았다.

로봇공학자들은 로봇을 위해 뭉친다. 로봇을 위해 스승도, 제자도, 후배도, 선배도 스스럼없이 동료가 된다. 한솥밥을 먹으며, 밥 먹듯 밤을 지새우며, 때론 의견 충돌을 일으키며 공동의 목표를 향해 나아간다. 그리고 목표를 달성하면 서로 부둥켜안고 기뻐한다. 그 감격적인 경험을 공유한 관계는 쉽게 끊어지지 않는다. 로봇을 꿈꾸며 함께했던

●   월드컵축구대회에서 현재 사용하고 있는 우승 트로피

사람들은 서로에게 자산으로 남는다. 로봇만큼이나 값진 자산이다.

사람을 돕는 보람

2016년 인천에서 사십대 남성이 빌딩 유리창 청소를 하던 중 추락 사고를 당해 숨졌다. 그는 간질환을 앓는 아내의 치료를 위해 한국행을 택한 탈북자였다. 치료비 마련을 위해 궂은일을 마다하지 않고 하다가 변을 당한 것이다. 2018년에는 경기도 성남시에서 병원 외벽 청소를 하던 이십대 근로자가 5층에서 떨어져 목숨을 잃었다. 한 해 뒤에는 경기도 용인시의 54미터 높이 아파트에서 외벽 물청소를 하던 작업자가 추락사하는 일이 일어났다.

고층 건물 청소는 위험한 직업이다. 안전사고가 일어나면 사망으로 이어지는 경우가 많다. 때문에 종사자들 사이에서는 '목숨을 걸어야 하는 직업'이란 말이 넋두리처럼 떠돈다. 2020년 서울지방고용노동청 발표에 따르면 지난 10년 동안 '고소 로프 작업 추락 사망자'는 134명에 달한다. 이는 도색, 보수 등의 작업자를 포함한 수치이다. 안타까운 사고를 막을 대책이 절실하다. 그러나 법적 안전장치가 사실상 마련되어 있지 않다는 것이 현장의 목소리다.

로봇공학자이자 한양대학교 기계공학부 교수인 서태원이 대책을 세웠다. 연구팀을 꾸려 빌딩 청소 로봇을 개발한 것이다. 이 고마운 로봇의 이름은 '에델스트로'이다. 이는 곤돌라 탑재형 로봇으로, 고층 빌딩 외벽을 날렵하게 청소한다. 설치도 간단한 에델스트로는 2020년 한국기계기술단체총연합회가 꼽은 '올해의 10대 기계기술'에 선정되었다. 상용화를 눈앞에 두고 있는데, 건물주들에게 많은 사랑을 받을 것으로 기대된다. 연구팀은 에델스트로가 장인의 손길로 고층 빌딩 청소를 해낼 것이라 자신하고 있다.

에델스트로는 작업자의 생명을 구하는 로봇이다. 이를 만든 로봇공학자는 생명을 구하는 일에 보람을 느낄 것이다. 법이 지켜주지 못한 안전을 로봇이 지켜주는 세상이 되었다. 당연히 법도 정비되어야겠지만 로봇이 인간의 안전을 지켜주며 함께 공존하는 모습은 무척 바람직하다.

로봇공학자로 사는 것에 만족한다

한국직업정보시스템의 2019년 조사 자료에 따르면, 로봇공학자의 직업 만족도는 73.5퍼센트다. 직업 만족도란 "해당 직업의 일자리 증가 가능성, 발전 가능성 및 고용안정에 대해 재직자가 느끼는 생각을 종합하여 100점 만점으로 환산한 값"이다.

한편 로봇공학자의 임금 수준은 대략 다음과 같다.

- 하위(25%): 3,552만 원
- 중위: 5,126만 원
- 상위(25%): 7,167만 원

'무인 자동차는 로봇'이라는 관점에서 관련 직업으로 묶을 수 있는 자동차공학자의 임금 수준과 비교해보자.

- 하위(25%): 4,125만 원
- 중위: 4,831만 원
- 상위(25%): 6,043만 원

자동차공학자의 2019년 직업 만족도는 70퍼센트다. 임금 수준과 직업 만족도 모두 로봇공학자의 그것과 비슷하다. 면밀한 분석이 필요하지만 두 직업 모두 창의력과 기술력을 바탕으로 삼으며, 그 성과로 평가받고 또 만족을 얻는 직업이기에 비슷한 양상을 보인다고 볼 수 있다.

저마다 다른 해석을 내릴 수 있겠지만, 로봇공학자의 임금 수준과 만족도는 양호하다고 볼 수 있다. 그런데 한국정보시스템은 해당 조사 결과를 '참고자료로 활용'할 것을 주문하고 있다. 임금을 떠나 만족도만 보았을 때, 조사에 참여하지 않은 로봇공학자 중에는 평균값보다 만족도가 더 낮거나 높은 사람도 있다. 어떤 직종이든 마찬가지이다. 예를 들어, 학생들의 학교에 대한 평균 만족도가 높다고 해서 학생 개개인의 만족도가 다 같을 수는 없다.

로봇공학자만의 만족에 초점을 맞춰 생각해보자. 로봇공학자는 창조의 기쁨을 만끽하며 사는 사람이다.

로봇으로 대한민국을 드높이다

2021년 여름, 현대자동차가 세계 3대 광고제 가운데 하나인 '뉴욕 페스티벌 광고 어워드'에서 은상과 동상을 수상했다.

은상 수상작은 〈리틀빅 이모션〉이라는 캠페인 영상이다. 영상 속에서는 병원에 입원 중인 어린이 환자가 함박웃음을 지으며 진료실까지 어린이용 자동차를 타고 간다. 단순한 장난감 자동차가 아니라 자율주행 자동차다. 게다가 자동차와 탑승자의 교감이 가능한 감정 인식 차량 컨트롤 기술까지 갖추고 있다. 자동차는 이 기술을 발휘해 진료실에서 마주할 어린이 환자의 두려움을 가라앉힌다. 어린이 환자들이 병실에서 진료실까지 가는 짧은 이동 거리를 가장 무섭고도 긴 여정으로 느낀다는 점에서 착안한 기술이다.

〈두 번째 걸음마〉라는 캠페인 영상은 동상을 받았다. 이 영상에서는 웨어러블 로봇 기술을 적용한 의료용 로봇 'H-MEX'가 등장한다. H-MEX의 착용자는 하반신 장애를 가진 장애인 양궁 국가대표 박준범 선수다. 그는 H-MEX에 힘입어 새로운 인생의 발걸음을 내디뎠다.

뉴욕 페스티벌 광고 어워드는 권위 있는 국제 광고제다. 권위 있는 국제 대회에서의 수상은 세계의 이목을 집중시키므로 자연스럽게 나라의 위상을 높인다. 찰리와 다윈이 로보컵에서, 휴보가 세계 재난구조 대회에서 우승했을 때 세계에서 큰 찬사를 보내왔다. 로봇공학자로서 가슴 벅찬 일이 아닐 수 없다.

로봇공학자의
힘든 점

공부가 제일 쉽지만은 않았어요

로봇공학자 이원형은 한동대 전산전자공학부 교수로, 소셜 로봇을 중점적으로 개발한다. 그는 로봇 전문 언론인 〈로봇 신문〉과의 2020년 11월 25일 인터뷰에서 하루가 멀다 하고 새로운 기술이 쏟아져나오는 것이 로봇 연구에서 가장 어려운 점이라고 했다. 신기술을 빨리 익혀 로봇에 적용하지 않으면 그만큼 뒤처지기에 하루하루 신기술의 동향을 두루두루 살피는 일이 숙명이라고 덧붙였다. 쉽게 말해 공부할 것이 너무나 많아 힘들다는 소리다.

그런데 이원형은 가장 어려운 그 점이 동시에 가장 즐거운 점이라고 말했다. 공부할 양이 많아서 힘들지만, 로봇에 적용할 기술이 다양해지는 일은 행복이라는 뜻이다. 그러면서 그는 뷔페를 비유로 들었다. 로봇 분야는 공부할 게 산더미 같아 먹을 것이 다채로운 뷔페와 같다는 것이다. 이원형은 이 뷔페를 알차게 즐길 수 있는 비법을 다음과 같이 말했다.

"뷔페에서 가장 미련한 행동이 모든 음식을 다 먹으려는 것입니다. 공부해야 할 것이 너무 많을 때는 각자에게 꼭 필요한, 혹은 정말 관심 있는 분야에 집중하는 전략도 필요하다고 생각합니다."

로봇공학자 이원형은 이에 더해 로봇 기술을 활용해 해결할 수 있는 '문제'가 무엇일지 고민해야 한다고 강조했다. 실제로 본인도 학생들, 연구팀과 함께 고민을 나누고 있다고 했다.

성공은 멀고 실패는 가깝다

2021년 6월 22일 현대건설 로봇 전담 조직(robotics lab)에서 무인 시공 로봇의 기술 시연회를 열었다. 로봇 팔에 드릴을 장착한 무인 시공 로봇에게 천장에 구멍을 뚫는 타공 작업을 완수해야 할 임무가 주어졌다. 바퀴 달린 순찰 로봇도 시연회에서 중책을 맡았다. 건설 현장의 여러 정보를 수집하는 동시에 무인 시공 로봇의 작업 장면도 관찰해야 했다. 시연 회장에서 26킬로미터 떨어진 현대건설 본사 관제실에서는 이 순찰 로봇의 눈으로 무인 시공 로봇의 활약을 모니터링할 예정이었다.

이 기술 시연회는 현대건설의 첫 번째 시험 무대였다. 현대 건설은 위험 요소와 변동 요인이 많은 건설 현장에 로봇이 유용하리라는 판단 아래 2019년 3월 로봇 전담 조직을 만들었다. 그들 스스로 "건설사의 로봇 조직 운영은 무모한 도전"이라고 표현했듯이 기술 시연회는 성공을 장담할 수 없는 도전의 무대였다.

도전자 무인 시공 로봇은 상단에 장착된 'AI(인공지능) 비전'을 통해 작업 지점을 스스로 찾는 능력이 있었다. 또한 지정된 작업을 원격 수행할 수도 있었다. 이는 자율주행 자동차를 능가하는 능력이었다. 로봇은 종이 울리자 주저 없이 드릴을 작동시켰다. 사람이 보호 장구를 착용하고 리프트에 올라 작업해야 할 천장에 가뿐히 드릴비트(드릴날)를 박았다. 2분쯤 지나자 천장에 1개의 구멍이 뚫렸다. 사람보다 빠르다고는 할 수 없는 속도였다. 5개의 구멍을 뚫었을 때는 확실히 사람보다 느렸다. 중간중간 엔지니어가 끼어들어야 할 만큼 전체 작업 과정도 매끄럽지 못했다. 로봇을 컨트롤하는 통신마저 불안정했다.

기술 시연회는 냉정하게 말해 화려한 성공과는 거리가 멀었다. 그러나 로봇공학자들은 의연했다. 그들은 결과보다 무인 시공 로봇의 가능성을 보려 했다. 비록 로봇의 작업 속도는 사람보다 느렸지만 정확도는 더 높았다. 무엇보다 안전했으며, 24시간 작업도 가능했다.

현대건설 책임자는 다음과 같이 시연회의 소감을 표했다. "무엇보다 고위험 작업 환경에서 근로자의 안전을 확보할 수 있다는 점에서 더디더라도 건설 현장에도 무인 시공 로봇 기술이 확대되어야 합니다."

그 말대로, 현대건설은 시공 로봇 기술 개발에 더 박차를 가하기로 했다. 타공뿐만 아니라 페인트칠, 용접, 조적(돌이나 벽돌을 쌓는 일)이 가능한 시공 로봇을 만들 계획을 세웠다. 기술 시연회에서 화려한 성공을 거두지 못했음에도 '멈춤' 대신 '나아가기'를, '부정'보다 '긍정'을 선택했다.

이는 로봇공학자가 지녀야 할 지극히 바람직한 태도다. 로봇공학자에게 실패는 늘 따라다니는 그림자와 같다. 제아무리 유능한 로봇공학자라도 단번에 성공하는 일은 드물다. 로봇은 찰흙인형이 아니다. 결코 쉽게 만들어지지 않는다.

사람이 모자라서

다르파 세계 재난구조 대회의 영웅 '똘망'은 로봇공학자 한재권의 작품이다. 한재권은 대회를 치르는 동안 다른 나라 팀들을 무척 부러워했다고 한다. 그가 부러워한 점은 바로 사람이었다. 한재권의 팀은 대회 기간 내내 이리 뛰고 저리 뛰며 가까스로 일정을 버텨냈다. 우승을 차지한 휴보의 팀도 사정은 다를 바 없었다. 소수정예로 숨 가쁘게 움직였다. 반면 외국 팀들은 넉넉한 인력으로 여유 있게 일정을 보내며 자기 분야에 집중했다.

한재권을 비롯한 로봇공학자들은 우리나라 로봇 기술을 비교적 높은 편이라고 평가한다. 로봇 기술 강국인 일본, 미국, 독일보다는 뒤지지만, 이들 국가가 이른바 '넘사벽'은 아니다. 다만 인력은 아직 많이 부족한 편이다. 능력이 뛰어난 인재가 있으면서도 함께할 일손이 부족해 로봇 개발에 더 힘을 싣지 못하는 실정이다. 로봇을 만드는 사람이 많으면 선의의 경쟁을 벌이며 나란히 발전할 수 있는 분위기가 조성되는데, 아직은 머릿수가 모자라 그런 분위기를 달구기가 어렵다. 이런 현실은 로봇공학자의 아이디어 개발과 도전 정신을 위축시킬 수 있다.

경제적 지원

경제 사정이 나아진다면 로봇공학자가 더 늘어날까? 단정할 수는 없지만 어느 정도 영향을 미칠지도 모르겠다. 로봇 분야에서 돈은 무척 중요하다. 돈 문제에 발목이 잡혀 더 적극적인 개발을 못 하는 경우가 있기 때문이다.

로봇 개발에는 돈이 많이 든다. 로봇공학자의 임금이 결코 낮은 수준은 아니지만 자신의 돈으로 개발비를 충당하기에는 어림없다. 중소기업도 자체 자금력만으로는 개발에 공격적으로 나서기가 녹록치 않다. 정부 지원이나 대기업의 투자가 개발의 동력이 되는 것이 현실이다. 앞서 언급한 로봇 강국들은 정부 지원과 대기업 투자가 활발하다. 덕분에 로봇공학자들이 과감하게 개발에 몸을 던지고 있다.

그러나 대대적인 지원과 투자에도 문제는 있다. 이 경우 지원자와 투자자는 기간을 조건으로 내걸기도 한다. 즉 로봇이 완성될 때까지 마냥 기다려주지는 않는다는 것이다. 지원과 투자를 받은 로봇공학자는 지원자와 투자자가 흡족해할 결과를 일정 기간 안에 내놓아야 한다. 이것은 로봇공학자에게 엄청난 압박감을 주기도 한다.

법과 규제의 그물

주차로봇 나르카는 '규제 샌드박스' 혜택을 받은 로봇 제품이다. 규제 샌드박스란 기업이 새로운 제품이나 서비스를 내놓을 때 일정 기간 동안 기존 법적 규제를 면제 또는 유예 받는 제도다. 영국에서 처음 시작한 제도를 문재인 정부에서 규제 개혁 방안으로 도입했다. 2019년 1월 17일부터 시작되었다. 어린이가 자유롭게 뛰노는 모래 놀이터처럼 규제 없는 환경을 준다는 의미에서 '샌드박스'라는 이름을 붙였다.

규제 샌드박스 제도는 기업의 신청으로 작동된다. 신청을 받은 산업통상자원부는 검토 후 시범 사업, 임시 허가 등의 방법으로 규제 샌드박스 자격을 부여한다. 이후 일정 기간 동안 새로운 제품이나 서비스가 국민의 생명과 안전을 위협하지 않는지 평가한다. 이 평가에서 부적격 판정을 받으면 사후 규제를 받는다.

나르카는 기존 주차장법이 걸림돌이 되어 곧바로 상용화할 수 없었다. 이에 산업통상자원부에 규제 샌드박스 적용을 신청했고, 안전도와 효율성을 인정받아 무사히 그 시험을 통과했다. 이제 주차로봇에 대한 새 규정만 마련되면 상용화의 꿈을 이룰 수 있다.

나르카의 사례에서 보듯, 기존 규제에 묶여 로봇의 상용화를 미뤄야만 하는 상황에 처할 수 있다. 로봇공학자에게 유쾌한 일은 아니다. 규제 샌드박스라는 탈출구가 있지만, 이 탈출구가 막히는 경우도 계산에 넣어두어야 한다. 이것 또한 로봇공학자의 힘을 빼는 일이다. 로봇공학자는 오롯이 연구에 몰입할 때 가장 힘이 솟는 법이다.

로봇공학자에게
주어진 과제

로봇이 넘어졌다

2018 평창동계올림픽 성화 봉송 주자 가운데 특별한 존재가 있었다. 그는 사람이 아니라 로봇이었다. 바로 휴보였다. 휴보는 세계 최초의 올림픽 성화 봉송 로봇이라는 영예를 안으며 올림픽 역사를 새로 썼다.

대전에 입성한 올림픽 성화가 카이스트를 찾은 날, 95번 주자인 휴보는 왼손엔 성화봉, 오른손엔 전동 드릴을 든 채 94번 주자를 기다렸다. 휴보에게 특별 임무가 주어진 것이다. 전동 드릴로 벽을 뚫고 96번 주자에게 성화를 인계하는 임무였다. 마침내 정해진 시간이 되자 94번 주자가 성화봉을 들고 달려왔다. 관중의 박수 속에 달려온 그는 조심스럽게 휴보의 성화봉에 성화를 전달했다. 관중들은 기대에 부풀어 있었다. 휴보는 그 기대를 한 몸에 받으며 바퀴를 굴려 벽을 향해 다가갔다. 이어서 전동 드릴을 벽에 겨냥했다.

그런데 이때 아찔한 광경이 펼쳐졌다. 휴보가 기우뚱 균형을 잃고 뒤로 넘어간 것이다. 다행히 진행 요원 두 명이 재빨리 휴보의 뒤를 받쳐 넘어지는 사고는 막을 수 있었다. 다시 정신을 차린 휴보는 언제 사고가 날 뻔했냐는 듯 태연하게 벽을 뚫었다. 그리고 무사히 96번 주자에게 성화를 넘겨주었다. 휴보가 임무를 완수하는 모습에 관중은 환호했다.

휴보의 성화 봉송은 로봇 기술의 발전상을 여실히 보여준 퍼포먼스였다. 그러나 아직 갈 길이 멀다는 것을 증명한 해프닝이기도 했다. 실제 재난 현장이었다면 어땠을까? 당연히 뒤를 받쳐줄 도우미가 없을 테니 휴보는 그대로 넘어졌을 것이다. 대체로 2족 보행 휴머노이드는 상체에 대부분의 장비가 실려 있어 넘어지면 무게중심 탓에 잘 일어서지 못한다. 휴보도 예외는 아니다. 스스로 일어서는 능력이 없는 것은 아니지만 재난 현장의 거친 환경이라면 영원히 누워야만 하는 상황도 충분히 예상 가능하다. 즉 임무를 시작도 못 해보고 파묻히는 끔찍한 일이 벌어질 수도 있었다는 이야기다.

휴보가 넘어졌을 때 스스로 일어나는 능력은 카이스트 연구팀에게 '아직 풀지 못한 과제'로 남아 있다. 그런데 이는 거의 모든 휴머노이드들이 안고 있는 과제다. 휴보가 우승한 다르파 세계 재난구조 대회에서도 무수한 로봇들이 넘어졌지만, 스스로 일어선 로봇은 미국의 '침프'가 유일했다.

휴보 제작진은 여전히 과제를 풀고 있는 중이다. 현재까지는 잘 넘어지지 않는 수준까지는 도달했다. 다리 관절이 수평으로 움직이게 만든 것인데, 이런 움직임은 무게중심을 분산시켜 넘어지는 사고를 감소시킨다. 넘어지는 일이 없으면 일어날 일도 없으니, 현재 보유한 기술로 지혜로운 선택을 한 것이라 볼 수 있다.

로봇을 자유롭게 움직이게 하라

로봇 하면 대부분은 안드로이드나 휴머노이드를 떠올린다. 로봇은 인간을 돕는 존재이므로 기왕이면 인간을 닮았으면 하는 바람이 무의식 속에 자리하기 때문일지도 모른다. 영화나 만화 속 인상 깊은 로봇이 바로 그들인 것도 영향을 미쳤을 수 있다. 여하튼 로봇은 인간을 점점 닮아가고 있다. 생김새, 지능, 움직임까지.

그러나 움직임 하나만 보더라도 아직 미흡하다. 휴보가

성황를 봉송하는 모습도 많은 이들에게 그런 느낌을 심어 주었다. 로봇은 움직임에서 더 '자유로워야' 한다.

관절이 자유롭게 움직일 수 있는 정도를 자유도라 부른다. 자유도는 숫자로 나타낸다. 예를 들어 팔꿈치 관절처럼 아래위 직선 운동만 가능하면 '자유도 1', 손목 관절처럼 직선 운동에 회전까지 가능하면 '자유도 2'다. 사람 손가락의 경우 '자유도 20'이다. 자유도가 높을수록 움직임은 다양해지고, 할 수 있는 일도 늘어난다. 손목 관절이 회전하지 않는다면, 즉 자유도 1이라면 문고리를 돌려 문을 여는 데 몹시 애를 먹을 것이다.

로봇공학자라면 누구나 자유도가 높은 로봇을 꿈꾼다. 시간과 노력을 들여 고개만 까딱하는 로봇을 만들고 싶지는 않을 것이다. 하지만 꿈은 아직 아득하다. 인간의 자유도는 548 정도다. 반면 휴보나 아틀라스 같은 일반적인 휴머노이드의 자유도는 27~35에 불과하다. 유연성만큼은 타의 추종을 불허한다는 일본의 휴머노이드 '겐고로'의 자유도는 174다. 인간에게는 한참 못 미친다.

방금 소개한 아틀라스는 미국의 로봇 기업 보스턴 다이내믹스의 발명품이다. 현재까지 운동 성능이 가장 뛰어난 로봇으로 꼽힌다. 아틀라스가 처음으로 세계를 깜짝 놀라게 한 때는 2017년이다. 그 시절 2족 보행 휴머노이드에게는 불가능에 가까운 뒤로 공중제비 돌기를 깔끔하게 해낸 것이다. 이듬해에는 점프하며 발판을 건너뛰는 파쿠르 동작을 선보이더니, 2019년에는 물구나무를 서서 땅을 굴렀다가 다시 일어서는 재주를 피우기도 했다. 아틀라스가 운동하는 모습은 유튜브에서 쉽게 찾아볼 수 있다. 특히 조깅하는 모습은 사람과 거의 흡사해서 보는 사람마다 감탄사를 터뜨린다.

그런데 운동 천재 아틀라스에게도 힘든 시절이 있었다. 아틀라스는 다르파 세계 재난구조 로봇 대회의 2위 수상자다. 당시 우승자는 휴보였다. 그 시절 아틀라스는 지금처럼 운동 천재가 아니었다. 휴보에게 밀린 뒤 기술 개발에 더욱 채찍질을 가해 오늘의 성과를 얻어낸 것이다. 물론 휴보와의 경쟁 의식이 아틀라스에게 성공의 밑거름이 되었는지는 확인할 길이 없다. 속사정은 아틀라스만이 알 것이다. 분명한 것은 아틀라스가 진보하기 위해 앞으로 나아갔다는 점이다.

무릎을 펴고 당당하게 걸어라

일반적으로 휴머노이드는 무릎을 굽힌 자세로 서 있다. 걸을 때도 무릎을 펴지 않는다. 우리의 휴보도, 일본의 아시모도 그렇게 걷는다. 으뜸가는 휴머노이드라는 명성에 걸맞지 않게 걸음걸이는 엉성하다.

휴머노이드가 어색하게 걷는 까닭은 중력과 관성으로부터 자유롭기 위해서다. 무릎을 구부린 채로 걸으면 상체가 위아래로 흔들리지 않아 중력이 거의 변화되지 않는다. 또한 물체가 이동할 때 생기는 관성은 미미해진다. 중력과 관성의 영향이 줄어들면 안정적으로 걸을 수 있다. 다만 무릎을 펴고 걷는 것에 비해 걸음 속도는 무척 느려진다.

무릎을 굽힌 자세의 휴머노이드들은 발바닥을 수직으로 들어올렸다가 내리면서 걷는다. 이른바 '발바닥 보행'이다. 그런데 사람은 발바닥 보행이 아닌 '발꿈치 · 발끝 보행'을 한다. 발뒤꿈치부터 땅에 닿게 해 발바닥으로 무게중심을 옮긴 다음 발끝으로 땅을 박차며 앞으로 나아가는 걷기 방식이다. 속도는 발꿈치 · 발끝 보행이, 안전도는 발바닥 보행이 높다. 걷는 품새는 후자보다 전자가 훨씬 자연스럽다. 휴머노이드는 아장아장 걷는 듯 보이는데, 귀엽게 보이기 위해서가 아니다. 어쩔 수 없이 그렇게 걷는 것이다.

아틀라스는 완벽하지는 않더라도 발꿈치 · 발끝 보행을 상당 수준 구현한 휴머노이드다. 그래서 걷거나 뛰는 모습이 사람처럼 보이고, 속도도 사람에 버금간다. 발꿈치 · 발끝 보행은 매우 높은 수준의 기술을 요한다. 대다수 휴머노이드들이 발바닥 보행을 하며 아기처럼 걷는 이유다.

로봇의 걷기 능력이 실망스러운가? 그렇다면 두 발 걷기에 처음으로 성공한 로봇이 2000년에 탄생한 아시모라는 점을 기억하자. 로봇이 걸음을 뗀 역사는 짧기에 아직 실망하기는 이르다. 그 역사를 새롭게 쓴 아틀라스와 같은 로봇을 앞으로 많이 만나볼 수 있을 것이다.

많은 로봇공학자들이 아틀라스를 넘어서기를 꿈꾸고 있다. 휴보의 제작자인 오준호도 그 꿈을 꾸는 사람 가운데 한 명이다. 로봇공학자 오준호는 아틀라스를 걷기 능력 및 움직임 능력이 가장 뛰어난 로봇으로 평가한다. 아울러 휴보가 아틀라스에 뒤진다는 점을 인정한다. 다르파 세계 재난구조 대회에서 휴보가 우승한 건 문제를 잘 풀었을 뿐, 아틀라스보다 뛰어나서가 아니라고 한다. 그래서 로봇공학자 오준호는 오늘도 휴보 개발에 땀을 흘린다.

가정용 로봇의 흑역사가 남긴 것

1인 1로봇 시대가 온다고 한다. 그 시기가 언제인지 확정할 수는 없지만, 머지않았다는 것은 로봇공학자들의 공통된 생각이다. 일부 로봇공학자는 10년 후로 내다보기도 한다. 1인 1로봇 시대에는 가정용 혹은 개인용 로봇이 대거 확산될 것이다. 집 안에 나르카 같은 주차로봇이나 무인 시공 로봇을 둘 사람은 극히 드물기 때문이다.

가정용 로봇의 첫 등장 시기는 보통 2010년대 초반으로 본다. 미국의 로봇 스타트업 안키의 장난감 로봇, 미국의 MIT가 개발한 소셜 로봇 '지보' 등이 주목을 받으며 가정용 로봇 시대의 개막을 알렸다. 독일의 로봇 스타트업 메이필드 로보틱스가 개발한 '쿠리'가 뒤를 이으며 가정용 로봇의 미래를 밝게 만들었다. 쿠리는 귀엽게 생겨서 외모부터가 '밝은' 소셜 로봇이다.

그런데 이들 로봇이 2018년과 2019년 그 2년 동안에 약속이나 한 듯 모두 인간과 작별을 고했다. 업체가 문을 닫거나 생산을 중단한 것이다. 충격적인 소식이었다. 전 세계적으로 가정용 로봇 시장 규모가 확대되고 있는 상황이라 충격이 더 컸다. 국제로봇협회(IFR) 자료에 따르면, 2017년에 가정용 로봇은 850만 대 판매에 21억 달러의 수입을 올려 전년 대비 25퍼센트의 성장을 이뤘다.

문제는 팔려나간 가정용 로봇이 대부분 로봇청소기, 잔디깎이 로봇, 유리창 청소 로봇 같은 노동 서비스 로봇이었던 것이다. 850만이라는 판매 대수 중 자그마치 610만이 이들 로봇의 몫이었다. 70퍼센트가 넘는 수치다. 이들 노동 서비스 로봇은 이듬해에는 750만 대 가까이 팔려 전년 대비 23퍼센트나 성장했다.

초창기 가정용 로봇들은 기술 면에서나 가격 면에서나

큰 매력이 없었다. 소셜 로봇인 '지보'만 보더라도 인간의 감정을 알아채고 간단한 대화도 나누는 능력이 있지만, 비싼 가격에 비해 스마트 스피커*인 아마존의 '에코'나 구글의 '홈 허브'보다 뛰어나지 못했다. 한마디로 가성비가 떨어졌기에 소비자의 사랑을 받기 어려웠다.

1세대 가정용 로봇들이 맥을 못 추던 때, 일본 소프트뱅크의 휴머노이드 '페퍼'도 인기가 급속히 시들해지고 있었다. 페퍼 역시 가성비가 문제였다. 페퍼는 음성인식에 시간이 너무 오래 걸리고 감정인식을 제대로 못하는 결점을 보였다. 이에 〈뉴욕타임스〉는 로봇청소기 외에 시장에서 성공한 가정용 로봇은 없다는 냉혹한 평가를 내렸다. 그 평가가 있고 오래지 않아 페퍼는 슬그머니 생산을 중단했다. 중단한 시점은 2020년 8월인데, 그 사실이 거의 1년 뒤에야 알려졌다.

가정용 로봇 시장도 로봇들에 그리 우호적이지 않았다. 미국의 대표적인 싱크탱크인 브루킹스 연구소의 2018년 조사가 그 사실을 뒷받침한다. 브루킹스 연구소는 미국 성인

●   AI 스피커라고도 부른다. 사물인터넷 음성인식 인공지능 비서가 탑재된 스피커 및 그 서비스를 총칭하는 용어다. 사용자의 명령에 따라 지식 검색, 음악 재생, 가전제품 제어 등의 기능을 제공한다.

2,021명을 대상으로 설문을 실시했는데, 응답자의 61퍼센트가 아직 로봇에 불편함을 갖고 있다고 답했다. 로봇을 편안하다고 느낀다는 응답자는 고작 16퍼센트였다. 가정용 로봇에 대한 관심도도 턱없이 낮았다. 유일하게 성공했다는 로봇청소기도 관심도가 20퍼센트에 불과했다. 아동과 노인을 위한 돌봄 로봇의 관심도는 9퍼센트였다. 한편 '로봇을 사기 위해 지불할 수 있는 비용'이라는 항목에서 응답자들이 내놓은 답은 평균 500달러였다. 로봇 없이도 살 만한 세상에서 굳이 큰돈을 쓰려는 사람이 없었던 것이다. 그러나 그 시절 가정용 로봇의 가격은 평균값을 훨씬 웃돌았다.

기술, 가격, 시장, 이 세 가지는 상품을 선보일 때 고려해야 할 기본 요건이라 할 수 있다. 실패 사례를 남긴 가정용 로봇들은 이 세 가지 기본 요건 가운데 어느 하나 확실하게 충족시키지 못했다. 그 대신 기술이 모자라고, 가격이 비싸고, 시장의 요구에 어긋나는 로봇은 성공하기 어렵다는 교훈을 남겼다.

기술의 완벽성은 로봇공학자에게 제일의 과제이자 목표다. 누가 대신 해줄 수 없는, 스스로 뚫고나가야 할 난관이다. 로봇 기술은 로봇공학자의 전문 영역이기 때문이다. 가격 책정, 시장 파악은 로봇공학자 혼자 해결하기에 버거운 면이 있다. 이 난관은 전문 마케터나 경제학자, 문화학자의 도움으로 헤쳐나갈 수 있을 것이다. 물론 로봇공학자도 시사, 경제, 문화 등에 대한 공부를 부지런히 할 필요가 있다. 폭넓은 공부는 로봇을 향한 대중의 마음을 읽는 능력을 키워준다.

1인 1로봇 시대가 오고 있다!

비록 흑역사를 겪었지만 가정용 로봇의 전망은 밝다. 로봇청소기 같은 노동 서비스 로봇뿐만 아니라 소셜 로봇, 돌봄 로봇의 미래도 희망적이다. 1인 1로봇 시대의 주역은 역시 가정용 로봇일 거라는 예측이 우세하다.

이를 뒷받침하는 첫 번째 근거는 고령화 사회다. 지구촌 곳곳이 고령화의 급물살을 타고 있다. 세계보건기구(WHO)는 2050년에 이르면 60세 이상이 세계 인구의 22퍼센트를 차지할 것으로 내다본다. 도움과 돌봄이 필요한 사람이 늘어난다는 뜻이다. 가정용 로봇이 도우미와 돌보미의 역할을 할 것으로 기대된다. 사람의 감정을 더 잘 읽고, 일도 더 능숙하게 해내는 로봇을 로봇공학자들이 만들어낼 것이다.

지금도 그런 로봇이 활약하고 있다. 이 책의 1장 '로봇공학자가 하는 일'에서 소개한 엘리큐가 바로 그런 로봇이다. 일본 자동차 업체인 도요타가 개발한 'HSR(Human Support

Robot: 인간 지원 로봇)'도 빼놓을 수 없다. 키가 100~175센티미터인 HSR은 음성과 태블릿 단말기 등을 통한 주인의 명령에 따라 작동한다. 60센티미터 길이의 팔로 1.2킬로그램짜리 물건을 들어 옮길 수 있다. 종이처럼 얇은 물체도 흡입 방식으로 들어올리고, 떨어진 물건도 줍는다. 거동이 불편한 환자나 노약자에게 안성맞춤인 아이템이다.

둘째, 전통적인 가족 형태가 붕괴되고 1인 가정이 늘고 있는 현실도 가정용 로봇에게는 청신호다. 육체적, 정신적으로 힘이 되는 친구 같은 로봇의 수요가 늘어날 것으로 예상된다. 친구 같은 로봇의 대표 주자로는 일본 로봇 벤처 기업 그루브X가 개발한 '러봇(Lovot)'을 꼽을 수 있다. '러브(Love)'와 '로봇(Robot)'을 섞어 '러봇(Lovot)'이 된 이 로봇은 얼핏 펭귄을 닮아 깜찍하다. 러봇은 40도 정도의 체온을 발산할 수 있어 사람에게 따스함을 전한다. 그 따스함으로 사람을 위로한다.

셋째, 코로나 사태도 가정용 로봇에게는 희망을 주었다. 코로나가 장기화되며 고립된 생활이 길어지자 가정용 로봇에 대한 인식이 많이 바뀌었다고 한다. 없어도 그만인 존재에서 꼭 필요한 존재로 변한 것이다. 로봇청소기가 '3대 이모님' 대접을 받게 된 것이 단적인 예다. 또한 러봇을 비롯해 대화가 가능한 커뮤니케이션 로봇 '니코보' 등도 인기를 끌고 있다고 한다. 니코보는 일본 가전제품 생산업체인 파나소닉어플라이언스의 발명품이다.

우리나라만 놓고 볼 때도 가정용 로봇의 미래는 어둡지 않다. 역시 이 세 가지 근거에 기반한다. 정부도 가정용 로봇의 필요성을 인식했는지 2019년 12월 돌봄 로봇 1,000여 대를 보급한다는 방침을 발표했다. 산업통상자원부는 2021년까지 153억 원의 예산을 투입해 로봇 기술 개발을 완료하고, 이후 병원과 요양원에 식사, 욕창 예방, 배변 등을 돕는 돌봄 로봇을 투입할 계획이다.

현재 활약하고 있는 돌봄 로봇을 꼽으라면 '파이보'를 들 수 있다. 강릉원주대 연구팀이 개발한 파이보는 인공지능 반려로봇이다. 2020년에 200대의 파이보가 사회복지시설에 투입되어 활동을 개시했다. 파이보의 특기는 주인 알아보기다. 카메라와 센서를 통해 인파의 틈바구니에서도 주인을 찾아내 먼저 말을 걸 수 있다.

한편 국제로봇협회(IFR)도 가정용 로봇의 미래를 긍정적으로 바라본다. 국제로봇협회가 2020년 9월에 발표한 보고서 〈월드 로보틱스 서비스 로봇 2020〉에서는 2023년 가정용 로봇의 매출액이 100억 달러에 이를 것으로 전망한다. 그 전망의 근거는 2018년부터 오름세를 타고 있는 매출액에 있다. 2018년에 35억 달러를 기록한 매출액은 이듬해에

43억 달러, 2020년에 50억 달러에 다다랐다. 물론 매출액만으로 이런 청사진을 내놓은 것은 아니다.

로봇청소기를 비롯한 가정용 로봇의 가격이 전반적으로 낮아지고 있다는 점, 노인이나 장애인을 보조하는 로봇, 엔터테인먼트 로봇의 판매가 늘어나고 있다는 점도 밝은 미래를 보여주는 단면이다. 엔터테인먼트 로봇이란 로봇 강아지나 로봇 고양이 같은 오락용 로봇이다. 진짜 강아지와 흡사한 소니의 '아이보'가 유명하다. 넓은 의미에서 엔터테인먼트 로봇도 가정용 로봇에 포함된다.

로봇공학자에게
필요한 공부

인공지능 공부하기

4차 산업혁명 시대의 핵심 기술인 인공지능은 크게 두 가지로 구분한다. 사람처럼 생각하고, 학습하고, 추리하고, 논증하고, 적응할 수 있는 인공지능은 '강한 인공지능'이다. 보통 '강인공지능'이라 부른다. 반대 개념은 '약한 인공지능', 줄여서 '약인공지능'이다. 약인공지능은 사람의 명령을 자동으로 처리하거나 목소리를 듣고 반응하는 수준의 인공지능이다. 포털 사이트의 검색 기능, 스팸 메일 필터링 기능 따위도 약인공지능에 해당된다. 이세돌을 물리친 바둑의 제왕 '알파고'도 마찬가지다.

로봇 분야뿐만 아니라 그 어떤 분야에서도 강인공지능은 아직 개발하지 못했다. 지금은 약인공지능만 존재한다. 분명한 것은 로봇과 인공지능은 이제 떼려야 뗄 수 없는 관계로 묶였다는 점이다. 재난구조 로봇이든, 소셜 로봇이든, 방역 로봇이든, 택배 로봇이든 인공지능이 필수 요소다. 인공지능이 없는 로봇은 맡은 일을 제대로 해내기 어렵다. 사람 곁에서 사람을 돕는 일에 미숙하기 십상이다.

인공지능 전문가라는 직업이 따로 있다. 인공지능 전문가는 사물과 공간을 인식하는 영상 인식 시스템, 음성 명령에 적절히 반응하는 음성 인식 시스템, 사람의 감정을 파악하는 감성 인식 시스템 등을 개발한다. 로봇공학자는 인공지능 로봇을 만들 때 인공지능 전문가의 도움을 받기도 한다. 시간이 흐를수록 인공지능 전문가의 참여도와 기여도는 더 늘어날 것이 확실하다는 게 로봇 업계의 중론이다.

로봇은 복합적인 지식의 산물이다. 때문에 로봇공학자에게는 다양한 분야의 공부가 요구된다. 인공지능이란 학문도 피해갈 수 없는 공부거리다. 물론 인공지능 전문가 수준으로 인공지능을 섭렵하기는 어려울 것이다. 로봇공학자는 공부할 것이 워낙 많기 때문이다. 그러나 인공지능에 대해 전반적인 이해 정도는 꼭 하고 있는 것이 좋다.

사물인터넷 공부하기

사물인터넷(IoT: Internet of Things)이란 한마디로 사물들을 인터넷으로 연결하는 기술이다. 여러 사물에 컴퓨터 시스템과 통신 장치를 장착해 인터넷 네트워크를 만들면 사물들끼리 인터넷을 통해 정보를 주고받는다. 버스 도착 시간을 알려주는 시스템, 집 밖에서 보일러나 에어컨을 원격으로 제어하는 시스템 등은 사물인터넷의 친근한 예다. 사물인터넷 역시 4차 산업혁명 시대의 핵심 기술이다.

로봇에도 사물인터넷이 적용된다. SK텔레콤이 2020년 5월에 선보인 코로나 방역 로봇 '키미'가 바로 그러하다. 인공지능을 바탕으로 한 키미는 자율주행을 하며 체온 측정을 하는 것이 주 업무다. 체온 측정 데이터를 5G를 통해 실시간으로 서버에 보내면, 서버는 곧바로 이를 분석해 지시를 내린다. 가령 피측정자의 체온이 높으면 현장 출입을 제한하라는 지시를 내리고, 키미는 이를 수행한다. 한편 사물인터넷 구현에 5G는 필수라 해도 과언이 아니다. 5G는 초대용량에 속도까지 빠른 이동통신이라 많은 사물이 연결되어도 문제가 없다.

스마트 스피커와 로봇청소기가 사물인터넷으로 연결된 사례도 있다. 그 주인공은 KT의 '기가지니', 유진 로봇의 '아이클레보'다. 스마트 스피커인 기가지니는 '기가지니 홈 IoT'라는 서비스를 통해 여러 가전기기와 연동된다. 다만 KT와 제휴해서 사전 등록한 제품만 가능하다. 즉 아이클레보는 KT와 제휴한 유진 로봇의 사전 등록 제품이다. 기가지니 홈 IoT로 기가지니와 아이클레보를 연동하면 음성 명령으로 아이클레보에게 청소를 시킬 수 있다. "청소 시작"이라고만 외치면 아이클레보가 순순히 청소를 시작한다. 스마트폰에 '기가지니 홈 IoT 앱'을 다운받아 아이클레보와 연동하는 방식도 있다. 이 방식도 사물인터넷 기술이다.

사물인터넷이 4차 산업혁명 핵심 기술이 되면서 사물인터넷 전문가라는 직업도 주목받고 있다. 또한 인공지능 전문가처럼 로봇공학자와의 관계도 한 발 한 발 깊어지는 중이다.

인문학 공부하기

1인 1로봇 시대는 '사람 반, 로봇 반'인 세상이다. 로봇공학자들은 그런 세상이 까마득히 먼 내일의 일이 아니라고 입을 모은다. 그래서 지금부터 대비해야 한다는 목소리도 심심찮게 나오고 있다. 로봇과 공존하는 삶을 준비해야 한다. 세상사람 모두가 예외일 수 없다. 그중에 로봇공학자들의 역할이 무척 중요하다. 로봇과 더불어 사는 세상은 로봇공학자의 손에서부터 시작되기 때문이다.

우리 일상 속으로 깊이 들어온 로봇을 만드는 로봇공학자에게 중요한 것은 무엇보다 인문학적 시각이다. 인문학이란 "언어, 문학, 철학, 역사 따위를 연구하는 학문"을 말한다. 얼핏 로봇공학과는 별 상관없는 학문으로 보이지만, 그렇지 않다. 로봇과 함께 사는 세상에서는 인간들만의 세상에서보다 더 깊이 있는 인문학이 필요하다. 인간을 돕는, 인간을 위한 로봇을 만들려면 인간을 아는 것이 우선이다. 또한 로봇이 늘어나면 로봇과 인간의 상호작용, 로봇과 로봇의 마찰, 로봇 주인들 사이의 교류와 갈등 따위를 더 깊이 고민해야 하는데, 인문학이 그 고민을 푸는 열쇠가 되어줄 수 있다.

'로봇'이란 용어도, '로봇공학의 3원칙'이란 개념도 인문학의 산물인 문학 작품에서 태어났다는 것을 기억하자. 카렐 차페크가 쓴 희곡《로섬의 만능 로봇》과 아이작 아시모프가 쓴 소설《아이, 로봇》은 모두 로봇과 공존하는 삶에 대해 생각할 점을 던져주는 작품이다.

우리나라의 로봇공학자들

데니스 홍

캘리포니아대학교 기계항공공학과 교수

캘리포니아대학교 로봇매커니즘연구소 로멜라(RoMeLa) 연구소장

데니스 홍은 미국 캘리포니아 주 로스앤젤레스에서 태어난 한국계 미국인이다. 한국 이름은 홍원서. 그는 세 살 때 한국으로 들어와 홍원서로 성장기를 보낸 뒤 고려대학교 3학년 때 다시 미국으로 갔다. 위스콘신대학교에서 기계공학을 전공했고, 퍼듀대학교에서 기계공학 박사 학위를 받았다.

그는 2011년 로보컵 우승자 찰리와 다윈의 제작자다. 로

보컵의 두 영웅은 데니스 홍이 이끄는 로멜라 연구소에서 태어났다. 특히 찰리는 미국 최초의 휴머노이드라는 타이틀도 갖고 있다.

데니스 홍은 무인 자동차를 시각장애인이 운전할 수 있는 자동차로 개량하는 작업을 세계 최초로 해낸 인물이기도 하다. 그는 이 업적으로 2009년 글로벌 과학전문지 〈파퓰러사이언스〉가 선정한 '젊은 천재 과학자 10인'에 이름을 올렸다. 2018년 평창동계올림픽에서도 그의 이름이 널리 울려퍼졌다. 휴보와 함께 호흡을 맞춘 94번 주자가 바로 데니스 홍이었다.

1977년 데니스 홍은 일곱 살이었다. 그해에 기념비적인 공상과학영화 〈스타워즈〉가 개봉했다. 일곱 살 소년은 〈스타워즈〉를 보고 꿈을 품었다. 로봇을 만들겠다는 꿈, 그것도 '사람을 돕는' 로봇을 만들겠다는 꿈을 꾼 것이다.

어른이 된 데니스 홍은 지금도 그 꿈을 향해 달려가는 중이다. 인간에게 보다 더 직접적인 도움을 줄 수 있는 로봇을 개발하는 데 힘쓰고 있다. 또한 그는 로봇과 인간의 아름다운 공존을 고민하는 로봇공학자로 살고 있다.

한재권

한양대학교 로봇공학과 교수

한재권은 로보티즈에서 휴머노이드 조립하는 일을 하다가 2007년 국제로봇학회에 참석하는 데니스 홍을 만나러 제주행 비행기를 탔다. 개인적 창작품인 '리얼 트랜스포머'를 평가받기 위해서였다. 리얼 트랜스포머는 한재권이 모형 자동차와 로보티즈의 기성 제품을 결합해 만든 변신 로봇이다. 영화 〈트랜스포머〉에 영감을 받아 만든 것이다.

한재권은 리얼 트랜스포머와 함께한 제주도 모험이 성공해 데니스 홍과 좋은 인연을 맺었다. 이후 더 배우고 싶다는 마음에 미국 유학을 떠나 겨우 네 살 많은 데니스 홍의 제자가 되었다. 그리고 찰리와 다윈이라는 로봇의 금자탑을 함께 쌓았다. 로봇공학자들의 협동과 협업이 어떤 열매를 맺는지 보여 주는 귀한 사례다.

똘망의 제작자로도 유명한 한재권은 2017년 한국로봇학회 로봇 디자인 대회에서 '에디 01'로 특별상을 받았다. 에디 01은 아담한 강아지 크기인데, 부드러운 털로 몸을 두르고 있어서 진짜 강아지처럼 포근하다. 에디 01이 털을 두른 이유는 감성 로봇이기 때문이다. 그 북슬북슬한 털은 사람의 촉각을 만족시키고 마음을 누그러뜨린다. 한편 털

사이사이에는 전도성 실이 장착되어 있다. 에디 01을 쓰다 듬으면 눈짓, 몸짓, 소리 등으로 반응하는데, 이 전도성 실의 기능 덕분이다. 에디 01의 이러한 기능은 로봇과 사람 사이 마음의 거리를 좁힌다. 이를 인정받아 특별상을 수상할 수 있었다.

에디 01을 디자인한 사람은 한재권의 아내 엄윤설이다. 엄윤설은 전문 로봇 디자이너로서 한재권과 함께 로봇 제작에 힘쓰고 있다. 2018 평창 동계올림픽의 성공에 일조했던 스키 로봇 '다이애나'도 한재권 설계, 엄윤설 디자인의 결실이다. 평창 동계올림픽 때 올림픽 개막을 축하하는 행사로 '스키 로봇 챌린지'라는 로봇 스키 대회가 열린 바 있다. 세계 최초의 이 대회에 한양대, 명지대, 카이스트 등 8개 팀이 참가했고, 다이애나는 2위를 차지했다. 로봇이 눈보라를 뿌리며 스키를 타는 모습은 세계의 이목을 집중시켰다.

한재권이 로봇공학자의 꿈을 품은 계기는 동생이었다. 한재권의 동생은 뇌병변 장애를 앓았는데, 어린 시절 한재권은 부모를 도와 동생을 보살펴야 했다. 힘겨운 성장기에 그는 만화영화 〈아톰〉과 〈형사 가제트〉를 재미있게 보았다. 그런데 그 만화들이 어린 한재권의 가슴에 로봇을 심어

주었다. 아톰이 위기에 빠진 사람을 구하는 모습에서, 가제트가 '만능 팔'과 '만능 다리'를 쓰는 모습에서 그는 동생을 돌봐주는 로봇을 마음속에 그렸다.

어린 한재권은 돈을 모아 아톰이나 가제트 같은 로봇을 사서 동생을 돌보기로 마음먹었다. 하지만 친구들은 그런 로봇은 어디서도 살 수 없다며 한재권을 말렸다. 세상에 존재하지 않는 로봇이라는 게 그 이유였다. 그래서 한재권은 마음을 바꿨다. 살 수 없다면 직접 만들기로 했고, 그 결심이 오늘날 위대한 로봇공학자를 탄생시켰다.

오준호

KAIST 기계공학과 교수

KAIST 휴머노이드로봇연구센터 소장

레인보우로보틱스 CTO(최고기술책임자)

오준호는 휴보의 제작자로, '휴보 아빠'로 통한다. 2018년 평창동계올림픽 성화 봉송 96번 주자였다. 평생 휴보와 함께해온 오준호는 2021년 새해에 새로운 로봇의 출시를 예고했다. 연말쯤 등장이 예상되는 그 주인공은 레인보우로보틱스가 개발한 사족보행 로봇 'RBQ-3'다. RBQ-3는 쉽게 말해 로봇 개다. 미국의 유명 로봇 기업 보스턴 다이내믹스가 2020년 6월 선보인 로봇 개 '스팟'과 생김새가 비슷하다.

쓰임새도 비슷하다. 스팟은 현재 아마존의 CEO인 제프 베조스의 애완견으로도 유명한데, 본래 감시 및 순찰용 로봇이다. 실제로 노르웨이 석유시추 현장에서 사람 대신 순찰 업무와 센서 점검 업무 등을 책임지고 해냈다. RBQ-3도 감시자 역할을 톡톡히 할 것으로 기대되고 있다. 오준호가 한 언론 인터뷰에서 했던 말이 그 기대의 근거다.

"한국에서도 곧 로봇 개가 순찰하는 세상이 열릴 겁니다."

오준호는 어린 시절 호기심 많은 아이였다. 기계나 물건을 다 뜯어보지 않으면 직성이 안 풀리고 잠도 못 이뤘다. 자전거까지 분해해서 망가뜨렸을 정도였다. 그 샘솟는 호기심은 과학자라는 꿈으로 일찍 자리 잡았다. 과학자가 되고 싶은 초등학생 오준호에게는 '나만의 설계집'이 있었다. 그 설계집은 비행기, 로봇 등 장차 만들고 싶은 물건을 만화처럼 끼적거린, 꿈의 보물 상자였다. 훗날 어른이 되어 보물 상자를 열었을 때 그 안에는 멋진 로봇이 있었다.

그런데 어린 오준호가 처음부터 로봇공학자로 꿈을 정했던 것은 아니다. 성장기 시절 그가 한 일은 자연 현상, 우주, 화학 등 모든 과학 분야를 열심히, 즐겁게 공부했던 것뿐이다. 대학에서 '자동제어'라는 과목을 공부하면서 로봇 분야가 자신에게 맞는 길이라는 것을 깨닫게 된 것이다. 그래서 로봇공학자 오준호는 말한다.

"꿈을 넓게 가져야 합니다."

로봇공학자가 꿈이라고 해서 로봇만 파고들면 안 된다는 말이다. 어떤 꿈을 품든 다양한 학문에 관심을 기울여야 꿈을 이룰 수 있다. 폭넓은 공부를 해야만 자신이 할 수 있는 게 분명하게 보일 거라고, 오준호는 강조한다.

로봇공학자 오준호가 강조하는 또 다른 한 가지는 끈기다. 그는 자신도 여러 번 실패를 맛보았다고 고백했다. 그때마다 좌절하지 않고 하나의 과정이라 생각하며 이겨냈다고 한다. 실패가 되풀이될 때마다 극복할 수 있다는 생각을 품고 다시 나아갔다고 한다. 위대한 로봇공학자의 짧은 한마디를 마음속에 깊이 새겨 보자.

"로봇 연구란 게 항상 어렵습니다."

공경철

KAIST 기계공학과 교수

엔젤로보틱스 대표이사

2020년 사이배슬론 대회에서 KAIST 기계공학과 공경철 교수 연구팀이 '착용형 로봇 종목'에서 금메달을 목에 걸었다. '사이배슬론(cybathlon)'이란 인조인간을 뜻하는 '사이보그(cyborg)'와 경기를 뜻하는 라틴어 '애슬론(athlon)'의 합성어다. 이 대회에서 선수들은 웨어러블 로봇을 입고 여러 종목의 경기를 펼쳤다. 공경철 교수 연구팀의 출전 선수는 '워크온슈트'라는 웨어러블 로봇을 입고 우승의 쾌거를 이뤘다.

이듬해 6월, KAIST와 대한장애인체육회는 장애인 로봇 체육 활성화를 위한 업무 협약을 체결했다. 하반신 완전 마비 장애인들이 웨어러블 로봇을 입고 선의의 경쟁을 벌이는 체육대회의 열기로 힘을 모으겠다는 약속이었다. 체육대회에 출전할 로봇을 연구하는 일은 카이스트가 맡았다. 연구의 총책임자는 로봇공학자 공경철이다. 공경철은 업무 협약식에서 다음과 같이 포부를 밝혔다.

"남은 인생을 로봇 체육 코치로 살아가고 싶습니다."

로봇공학자 공경철은 20년 넘게 웨어러블 로봇을 연구

한 인물이다. 연구 끝에 웨어러블 로봇의 '맞춤 제작' 기술도 눈에 띄게 향상시켰다. 착용자의 몸을 3D로 스캔한 뒤 스캔 데이터를 캐드(CAD) 프로그램으로 설계하고, 이후 3D 프린터로 출력하면 5시간 만에 제작을 마칠 수 있다고 한다.

2017년 공경철은 로봇 기업 엔젤로보틱스를 세웠다. 엔젤로보틱스는 현재 국내 웨어러블 로봇 시장을 주름잡고 있다. 그는 자신의 기업에 대해 이렇게 소개한다.

"엔젤로보틱스는 로봇으로 사회적 가치를 창출하고 공유함으로써 모두가 행복한 세상을 만드는 데 기여하고자 하는 회사입니다."

신시아 브리질

미국 MIT 공과대학교 교수

한국계 미국인 여성 로봇공학자다. 고등학교 시절 테니스 선수로 활약한 독특한 이력을 지녔다. 프로 테니스 선수가 되려다가 과학에 매력을 느껴 캘리포니아대학교 공과대학에 진학했다. 그런데 대학 4학년이 되어서도 구체적인 진로를 정하지 못하고 고민만 했다. 그러던 중 친구와 진로에 대해 이야기를 나누다가 로봇을 만들겠다는 꿈을 품었다. 그 꿈을 위해 대학원 진학을 선택했다.

당시 친구는 미국항공우주국(NASA)을 위해 행성탐사 로봇을 만드는 게 꿈이라고 했다. 친구의 그 말이 오래전 기억을 일깨웠다. 신시아 브리질은 어린 시절 영화 〈스타워즈〉의 로봇들에게 푹 빠진 적이 있었다. 그녀는 그 즐거웠던 기억을 떠올리며 로봇을 실제로 만들어보고 싶다는 마음을 먹었다.

신시아 브리질은 가정용 로봇 '지보'의 개발자다. 지보는 인간과 상호작용을 할 수 있는 세계 최초의 로봇이다. 비록 시장에서 큰 성공을 거두지는 못했지만 인간의 마음을 어루만지는 로봇이라는 점에서 그 의미가 깊다. 그 로봇은 신시아 브리질 개인적으로는 꿈의 열매였다. 그녀는 인간을 도와주고 인간과 친구가 되어 주는 로봇을 늘 꿈꾸었다. 그 꿈이 지보를 만들어낸 것이다.

전자공학과 컴퓨터과학을 공부한 신시아 브리질은 대학원 진학 후 MIT 인공지능 연구소에 몸담으며 본격적으로 로봇공학자의 길을 걸었다. 출발은 남들보다 늦은 편이었지만, 그것은 아무런 걸림돌이 되지 못했다. 혹시 로봇공학자가 되고 싶은데 늦은 것은 아닐까 의심이 든다면 신시아 브리질을 떠올리기 바란다. 의심이 깨끗이 지워질 것이다.

4장
로봇공학자에게
어떤 미래가 펼쳐질까?

4차 산업혁명 시대에
로봇공학자에게 거는 기대

4차 산업혁명의 키맨(Key man), 로봇공학자

지금 전 세계 산업계와 과학계에 '4차 산업혁명'은 뜨거운 화두다. 4차 산업혁명 시대에는 산업제품들이 과학기술에 힘입어 지능화되기 때문이다.

실제로 4차 산업혁명 시대가 우리 앞에 성큼 다가왔다. 흔한 가전제품인 냉장고만 보아도 그 거리가 현격히 가까워졌음을 알 수 있다. 사용하지 않는 시간대에 알아서 절전 모드로 들어가는 냉장고, 상품 김치 제조일자에 따라 알맞게 익히고 보관하는 맞춤형 김치냉장고는 이제 더 이상 특별한 제품이 아니다. 최근에는 '이마트24' 편의점에 인공지능 무인 주류 판매기까지 등장했다. 이 무인 판매기는 외관은 평범한 냉장고인데, 냉장고 안에서 주류를 꺼내고 문을 닫으면 자동으로 결제된다. 하지만 청소년은 이용 불가다. 판매기에 장착된 QR코드 리더기로 본인 인증 과정을 거쳐야 하기 때문이다.

지능화된 로봇도 4차 산업혁명에 각광받을 산업제품이다. 4차 산업혁명 시대의 로봇은 인공지능이 기본이다. 따라서 로봇공학자가 해야 할 일과 책임이 갈수록 늘어날 것이 틀림없다. 현재 로봇과 인공지능의 결합은 활발하게 행해지고 있다. 집집마다 한 대씩 있는 로봇청소기부터 인공지능을 갖춘 지 오래다. 로봇청소기는 단순한 '자동 청소기'가 아니라 엄연한 '지능형 로봇'이다.

인공지능 로봇이 각광받으리라는 전망을 현실로 만들 주인공은 로봇공학자다. 전망을 현실로 만드는 첫째 조건은 기술의 완벽성이다. 로봇이 문제나 오류를 자주 일으킨다면 로봇을 향한 열기와 호감은 금방 식을 것이다. 로봇공학자는 혜성처럼 나타났다가 유성처럼 사라진 페퍼의 사례를 기억할 필요가 있다. 페퍼는 오류를 자주 일으키고 손님 응대를 제대로 못해서 임차한 업체로부터 반환당하는 굴욕을 여러 번 당했다. 그 결과 생산 중단이라는 비극을 맞았다.

이와 같은 비극이 빈번해진다면 로봇공학자의 활동이 위축될 것이다. 나아가 4차 산업혁명 시대의 도래는 멀어질 수밖에 없을 것이다. 4차 산업혁명은 기술 혁명인데, 불완전한 기술로 기술 혁명의 성공을 기대하는 것은 욕심이다.

인공지능 전문가나 사물인터넷 전문가처럼, 로봇공학자는 4차 산업혁명을 이끌 핵심 인물 중 하나다. 그러므로 완벽한 기술을 구현할 능력이 누구보다도 더 요구된다. '혁명'의 성패가 로봇공학자의 어깨에 달려 있다고 한다면 지나친 비약일지 모르겠지만, 로봇공학자의 역할이 중요하다는 것은 부인할 수 없는 사실이다.

산업용 로봇의 이유 있는 성장

2021년 7월 1일, 국제로봇협회(IFR)가 보도자료를 냈다. 보도자료에는 2020년 산업용 로봇 시장이 매출액 기준으로 전년 대비 19퍼센트 성장했다는 내용이 담겨 있었다. 성장의 중추 역할을 한 나라는 중국이었다. 중국은 한 해 동안 2019년보다 24퍼센트 증가한 123,000여 대의 산업용 로봇을 수입했고, 중국의 기업들도 지난해보다 8퍼센트 증가한 44,000대를 국내에 공급했다. 코로나를 막기 위해 봉쇄와 이동 제한을 선도했던 중국에서 산업용 로봇의 수요가 늘어난 점을 국제로봇협회는 눈여겨보았다. 코로나를 산업용 로봇 시장의 회복과 성장을 뒷받침하는 요인으로 분석한 것이다.

산업용 로봇의 글로벌 설치 규모(단위: 1,000대)

위 그래프는 해마다 전 세계적으로 산업용 로봇이 몇 대 설치되었는지 알려주는 기록이다. 2018년에 422,000대로 정점을 찍었다가 2019년에 가장 큰 폭으로 떨어지며 383,000대를 설치했다. 2020년에도 소폭 하락해 376,000대에 머물렀다. 다만 앞에서 말했듯 설치 대수가 다소 줄었음에도 2020년 매출액은 지난해 대비 19퍼센트가 늘었다. 여하튼 이 시기 하락세를 보인 주요 원인은 미국과 중국의 무역 갈등, 코로나19에 따른 투자 위축이다.

그런데 국제로봇협회는 2020년부터 회복세를 보인 것으로 판단했다. 또한 해를 거듭할수록 더 큰 성장세를 보일 것이라고 예측했다. 설치 대수는 줄었어도 매출액이 증가한 사실만으로 이런 판단과 예측을 한 것은 아니다. 사회적 거리두기와 비대면 업무 확산으로 인해 자동화 제조 장비,

즉 산업용 로봇의 수요가 점차 늘어나고 있는 상황을 근거로 본 것이다. 실제로 2021년 들어 미국과 유럽에서 산업용 로봇 수요가 빠른 속도로 늘어나고 있다고 한다.

근거는 또 있다. 기후 변화에 대한 관심 증가다. 날이 갈수록 기후 변화로 인한 환경 파괴가 지구촌 공통의 문제로 두드러지고 있는 실정이다. 이에 선진국을 중심으로 탄소중립*에 힘쓰고 있다. 국제로봇협회는 로봇이 탄소중립에 이바지할 수 있다고 설명했다. 수소연료전지, 전기차 배터리, 태양전지판 등의 제조에 산업용 로봇을 쓰면 탄소발자국**을 줄일 수 있다면서 구체적인 예까지 들었다.

우리나라에서도 산업용 로봇 시장의 규모는 커지고 있는 중이다. 우리나라는 일본, 중국과 함께 아시아태평양 지역의 산업용 로봇 시장을 주도할 것이라는 기대를 받고 있다. 이에 우리 로봇공학자들은 유압 장치 같은 핵심 기술의 국산화를 실현하기 위해 노력하고 있다. 현재 핵심 부품에 관한 우리의 기술은 미약해서 해외 의존도가 높다. 로봇공

- 개인, 기업, 국가 등의 단체에서 배출한 이산화탄소를 다시 흡수해 실질적인 배출량을 0으로 만드는 것을 의미한다.
- •• 개인, 기업, 국가 등의 단체가 활동이나 상품을 생산하고 소비하는 전체 과정을 통해 발생시키는 온실가스, 특히 이산화탄소의 총량을 의미한다.

학자들은 핵심 기술의 국산화를 이루어야만 산업용 로봇의 발전은 물론 국가 산업 경쟁력도 꾀할 수 있다고 설명한다.

코로나 시대, 로봇공학자가 만든 방역 로봇

3장 '로봇공학자로 살아간다는 것'에서 코로나가 가정용 로봇에 미친 영향을 알아보았다. 코로나는 산업용 로봇의 변화도 일으켰다. 일상마저 망가뜨린 바이러스가 로봇 산업에게는 생기를 불어넣어준 것이다. 코로나는 로봇에 대한 인식 자체를 바꿔놓는 데 크게 이바지했다.

감염병전문가들은 코로나바이러스감염증과 같이 인류를 위협하는 전염병이 더 자주 발생할 거라고 말한다. 발생의 시간차도 더 좁혀질 것이라 경고한다. 지금 코로나처럼, 전염병은 로봇 산업에 호재가 될 수 있다. 물론 기뻐할 일만은 아니다. 전염병은 많은 산업을 무너뜨리고, 인간의 삶의 질을 떨어뜨린다. 득보다 실이 더 많다. 코로나는 여행, 외식, 숙박, 항공, 교육, 스포츠, 공연예술, 레크리에이션 등 정말 많은 것을 앗아갔다. 대신 혐오와 불신과 무기력을 던져주었다.

코로나 시대에 로봇공학자는 무엇을 했을까? 그들은 방역 로봇을 만들었다. 이는 바람직한 일이다. 인간을 돕는 것이 로봇의 존재 목적이며, 코로나 시대에는 방역을 돕는 로봇이 필요했다. 그렇다면 전염병과 더불어 살아갈지도 모를 미래에는 어떤 로봇이 필요할까? 의료진 대신 감염 검사를 도맡아 하는 로봇, 몸속으로 침투한 바이러스를 잡아내는 로봇을 만드는 일이 가능할까? 그 대답은 온전히 로봇공학자의 몫이다.

로봇이 일하는 스마트팩토리

코로나의 소용돌이 속에서도 굳건했던 산업이 있다. 한국직업능력연구원 선임연구원이 2020년 10월 21일 〈매일경제〉에 쓴 칼럼 '팬데믹 시대 바뀌는 선호 직업'에 따르면, 정보통신업, 로봇 및 인공지능 같은 첨단 기술 관련업, 인터넷쇼핑 및 홈쇼핑, 원격교육 관련업 등의 매출이 코로나 시대에 크게 늘었다고 한다. 직업적 관점에서는 로봇공학자를 비롯해 연관 직업인 인공지능 전문가, 사물인터넷 전문가, 소프트웨어 개발자 등의 중요성이 강화되고, 업무도 늘었다고 한다.

코로나 여파에도 꿈쩍 않은 이들 직업은 '4차 산업혁명'이라는 교집합으로 묶인다. 코로나 이전부터 4차 산업혁명 시대 유망한 직업으로 꼽혔으며, 코로나 이후에도 성장을 지속하면서 유망주라는 점을 증명했다. 즉 코로나도 4차 산업혁명의 물결은 막지 못한 것이다. 오히려 밀물의 역할을 하며 4차 산업혁명을 뭍으로 성큼 밀어올렸다.

　이와 같은 현실은 로봇이 미래의 주역이라는 명제에 타당성을 부여한다. 이를 산업용 로봇으로 시야를 좁히면 그 타당성은 더욱 힘을 얻는다. 스마트팩토리의 확산으로 산업용 로봇은 '미래의 산업역군'이라는 기대를 한 몸에 받게 되었다. '스마트팩토리' 역시 4차 산업혁명이 화두로 떠오른 시점부터 주목받고, 코로나로 인해 주목도가 한층 높아진 개념이다.

　스마트팩토리란 문자 그대로 해석하면 '똑똑한 공장'이다. 그 말처럼 공장 안에서 제품 생산의 전 과정과 기계 점검까지 자동으로 이뤄진다. 단순 자동화가 아니라 로봇, 5G, 클라우드, 사물인터넷, 빅데이터, 인공지능 같은 첨단 기술이 융합된 자동화다. 스마트팩토리에서는 모든 설비가 무선통신으로 연결되어 있어서 실시간으로 공정 전체를 모니터링하며 분석할 수 있다. 즉 공장 설비에 사물인터넷 센서를 설치해 데이터를 실시간으로 수집한 뒤 어느 공정에서 불량품이 발생했는지, 이상 징후를 보인 기계는 무엇인지 등을 인공지능 기술로 파악한다.

　스마트팩토리 구축에는 로봇이 절대적으로 유리하다. 스마트팩토리에 취업한 로봇은 단순 작업만 반복하지 않는다. 몸에 지닌 사물인터넷 센서로 수집한 데이터를 서버에,

또는 클라우드에 보내는 일을 한다. 이후 문제점을 분석한 결과를 전송받으면 그것을 바탕으로 작업에 돌입한다.

로봇 산업이 성장할 때 생각해야 할 것

CES(국제전자제품박람회: Consumer Technology Association)는 세계 최대 소비자 가전 전시회이자, 세계에서 가장 영향력 있는 기술 이벤트로 꼽힌다. 2021년에는 코로나 탓에 온라인으로 개최되었다.

우리나라 삼성전자는 'CES 2021'에 '핸디'를 출품해서 눈길을 끌었다. 핸디는 공장에서 일하는 로봇팔의 홈 버전이라 볼 수 있다. 인공지능으로 물체 위치나 형태를 인식해서 들어 올리거나 옮길 줄 안다. 밥상 차리기, 식사 후 식기 정리하기, 청소할 때 잡동사니 치우기 등에 안성맞춤이다. 집안일을 톡톡히 돕는 핸디는 인공지능이 한층 업그레이드된 미래형 가정용 로봇이다.

삼성전자는 한 해 전 CES 2020에서 공 모양의 로봇 '볼리'를 선보여 화제의 중심에 서기도 했다. 볼리는 "안녕, 볼리"라고 부르면 강아지처럼 사람에게 다가간다. "같이 걷자"라고 말하면 스르르 주인을 따라간다. 반려동물 같은 '반려로봇'인 셈이다. 볼리는 진짜 반려동물을 보살피기도 한다. 주인이 집을 비웠을 때 반려동물을 위해 재미있는 영상을 틀어주고, 반려동물이 집을 어지르면 로봇청소기를 출동시켜 집을 치우게 한다.

핸디와 볼리 모두 상용화가 기대되는 로봇이다. 그 기대 감을 높이는 데 코로나가 상당 부분 일조했다. 가정용 로봇 은 코로나에 힘입어 더욱 성장했다. 물론 코로나가 아니었 더라도 4차 산업혁명은 이미 거스를 수 없는 물결이므로 가 정용 로봇뿐만 아니라 로봇 산업 자체가 성장을 향해 나아 갔을 가능성이 높다. 로봇 산업의 성장은 반가운 일이다. 로 봇 덕분에 사람은 위험과 안전사고에서 보호받을 수 있고, 휴식과 여가가 늘어나 삶의 질을 높일 수 있기 때문이다.

그러나 문제점도 있다. 역시 '기대'와 마찬가지로 코로나 로 인해 더 두드러지게 된 걱정이다. 코로나는 사람 사이에 거리를 두며 고립의 시간을 증가시켰다. 고립된 사람들은 혼자 버티거나 반려동물에게 의지했고, 스마트 기기에 몰 두했다.

이때 로봇과 지내기를 선택한 사람도 있었다. 엔터테인 먼트 로봇이나 돌봄 로봇의 판매 증가는 사람들이 로봇에 게 위로받기를 원한다는 뜻이기도 하다. 특히 노년층에 그 런 사람이 많았다. 이에 '4차 산업혁명'이란 개념을 만든 세계경제포럼은 "인공지능과 로봇이 노인 돌봄에 지나치게 관여하면 오히려 노인의 사회적 고립감이 커지고 인간적

친밀감이 손상될 수 있다"고 우려했다.

아무래도 로봇은 사람과 사람 사이에서 느끼는 포근함, 유대감, 애정 같은 감정을 충족시켜주기에는 아직 부족하다. 때문에 로봇에게 너무 깊이 의지하거나 애착하면 더 큰 외로움과 허탈감에 빠질 수도 있다. 세계경제포럼이 우려하는 일이 얼마나 더 확대되고, 또 악영향을 미칠지는 아직 단언하기 어렵다. 축적된 시간과 데이터가 더 필요하기 때문이다. 다만 한 가지는 분명하다. 이 걱정을 해소할 수 있는 사람은 로봇공학자라는 사실이다.

로봇공학자를 꿈꾸는 청소년이라면 이런 문제에 관심을 가질 필요가 있다. 나름의 대책도 궁리해본다면 더할 나위 없이 좋다. 로봇 시대 인간의 고립감이라는 문제는 결국 '어떤 로봇이 진정 인간을 위한 로봇인가?'라는 질문이다. 이 질문에 대한 답을 찾는 것이 로봇공학자의 삶이다. 로봇공학자를 꿈꾸는 이에게 로봇공학자의 삶을 살아보는 것은 값진 체험이다.

로봇의 오늘,
로봇공학자의 내일

달리기에서 따라잡지 못하는 이유

휴머노이드는 사람들에게 주목을 많이 받는 로봇 중에 하나이다. 사람을 돕는 데 가장 알맞은 기능이 많기 때문이다. 휴머노이드는 재난구조뿐만 아니라 의료, 국방, 작업 보조 등 아주 쓸모가 많다. 물론 사람처럼 능숙하게 움직일 때만 가능한 일이다. 로봇이 사람처럼 움직이려면 고도의 기술이 필요하다. 고도의 기술로 탄생하는 휴머노이드는 4차 산업 혁명 기술의 집약체다. 로봇 산업의 최종 결승점이다.

로봇 강국들이 그 결승점을 향해 달려가고 있다. 우리나라도 그 달리기에 참여하고 있다. 대표적인 선수는 휴보다. 아직 경기가 끝나지 않아서 등수는 정해지지 않았다. 관중의 눈에는 일등은 아니지만 선두 그룹으로 보인다. 그런데 휴보 아빠 오준호의 눈에는 달리 보였다. 오준호는 2019년 5월 8일 〈한국경제〉와의 인터뷰에서 선두 그룹에 들기에는 아직 멀었다는 취지의 말을 한 바 있다.

그 까닭은 부품 탓이다. 휴보는 머리에 해당하는 제어기, 관절과 근육에 해당하는 액추에이터 같은 핵심 부분의 부품을 일본, 스위스, 독일 등에 의존하고 있다. 2019년 인터뷰 당시는 물론 열여섯 살 먹은 지금까지도 외국 부품 없이는 한 발짝도 못 걷는다는 말이 나올 만큼 의존도가 심하다. 로봇공학자 오준호는 센서, 액추에이터 같은 핵심 기술을 우리 손으로 해내지 못하면 우리나라는 영원한 이류로 남을 것이라며 한탄했다. 우리나라는 이들 핵심 기술이 매우 미약한 수준이다.

다행히 정부에서도 핵심 기술 국산화의 필요성을 느끼고 동작을 취했다. 산업통상자원부가 '고속·고출력 로봇 핵심부품 및 지능 원천기술 개발' 과제를 내고, 이 과제를 수행하는 사람에게 지원하는 사업을 벌인 것이다. 로봇공학자인 오준호가 지금 한국전기연구원, 국민대, 서울과학기술대와 손잡고 과제를 수행하는 중이다. 그는 2023년에 아틀라스와 성능이 맞먹는 휴보를 선보이는 것을 목표로 삼고 있다.

로봇 밀도 2위의 이면

국제로봇협회에서는 2021년 1월 산업용 로봇의 국가별 로봇 밀도를 발표했다. 발표에 의하면, 2019년 기준 우리나라 공장에 투입된 산업용 로봇은 1만 명당 868대다. 이는 전 세계적으로 2위에 해당하는 로봇 밀도다. 1위는 싱가포르로, 1만 명당 918대에 달한다. 10위까지의 국가를 살펴보면, 싱가포르, 한국, 일본, 독일, 스웨덴, 덴마크, 홍콩, 대만, 미국, 벨기에/룩셈부르크 순이다.

산업용 로봇의 밀도는 로봇 자동화 시스템의 우열을 어느 정도 비교할 수 있는 수치다. 또한 국가의 주요 산업을 알 수 있는 지표도 된다. 1위 싱가포르의 경우 전체 산업용 로봇의 75퍼센트가 반도체와 컴퓨터 주변기기 같은 전자 산업에서 일하고 있는 것으로 나타났다. 우리나라는 LCD(Liquid Crystal Display, 액정표시장치), 반도체, 자동차, 전기차 배터리 분야에 산업용 로봇이 많이 포진해 있다. 전 세계 로봇의 약 47퍼센트를 생산하는 세계 최대 로봇 제조 국가인 일본은 전자, 자동차, 금속기계 분야에서 로봇 밀도가 높았다. 유럽 최대 로봇 시장이라는 독일은 자동차 산업의 로봇 밀도가 두드러졌다.

우리나라 산업용 로봇의 밀도를 로봇 산업, 나아가 국가 발전의 척도로 삼기에는 다소 석연찮은 구석이 있다. 사실

우리나라는 8년 연속 이 부문에서 1위를 차지한 바 있다. 2위라는 등수도 2019년까지 3년째 유지한 것이다. 로봇 밀도는 아래 순위 국가보다 늘 압도적이었다. 2019년에도 일본, 독일, 미국 같은 로봇 강국이나 스페인(13위, 191대), 프랑스(16위, 177대), 캐나다(19위, 165대) 같은 선진국보다 로봇 밀도가 월등히 높다. 왜 이런 결과가 나온 것일까?

공장에 로봇을 들이면 아무래도 생산 비용이 절감된다. 우선 인건비부터 줄일 수 있고, 둘째로 생산성을 더 높일 수 있다. 그렇다면 임금 수준이 높은 선진국에서 로봇의 혜택을 더 많이 보는 것이 당연하다. 그런데 로봇 밀도는 싱가포르와 우리나라보다 현저히 낮다. 그 이유는 초점의 차이다. 선진국에서는 로봇을 노동자를 보조하는 데 더 초점을 맞춘다. 반면 싱가포르와 우리나라는 노동자를 로봇으로 대체하는 데 초점을 두는 경향이 있다.

요즘 세계 최대 로봇 시장으로 뜨고 있는 중국(15위, 187대)도 비슷한 경향을 보인다. 정리하면, 더 큰 폭의 비용 절감을 위해 노동자를 로봇으로 대체하다 보니 자연스레 로봇 밀도가 높아진 것이다.

우리나라의 경우 정부가 로봇 산업 육성 정책을 펼친 점, 자동화율이 높은 자동차 산업, 전기 · 전자 산업의 비중이 높은 점, 로봇에 대한 거부감이 적은 점 등도 로봇 밀도를 높인 원인으로 꼽는다. 여하튼 높은 로봇 밀도가 발전의 일면인 것만은 틀림없다. 다만 '로봇=대체 노동자'라는 등식을 정답으로만 여긴 것은 아닌지 한 번쯤 돌아볼 필요는 있다. 이런 생각이 로봇 시대에 인간이 더 행복해질 수 있는 방법을 고민하는 출발점이 될 것이다.

로봇 시대는 로봇이 인간을 대신하는 시대가 아니라 로봇과 인간이 더불어 사는 시대다. 따라서 로봇공학자를 꿈꾸는 사람이라면 늘 로봇과 함께한다는 마음가짐부터 단단히 갖는 게 좋을 것이다.

로봇 트렌드의 생명력

국제로봇협회는 2021년 2월 17일 보도자료를 통해 '2021년 로봇 트렌드 탑5(Top 5 Robot Trends 2021)'를 발표했다. 로봇의 중요한 다섯 가지 트렌드를 간략히 요약하면 다음과 같다.

1. 새로운 기술을 학습하는 로봇

로봇은 인공지능을 바탕으로 더 힘든 과업을 수행할 수 있는 능력을 갖게 될 것이다.

2. 스마트팩토리 환경에서 일할 수 있는 로봇

미래에는 다양한 특성의 로봇들이 네트워크로 연결되어 스마트팩토리를 구축할 것이다.

3. 새로운 시장에 진입할 수 있는 로봇

로봇의 적용 분야가 지난날 제조업에 한정되었다면 이제 직물, 목재, 식음료, 플라스틱 산업에까지 확장되고 있다.

4. 탄소발자국을 줄이는 로봇

최신 로봇 기술은 탄소발자국 절감을 원하는 세계의 요구에 응할 것이다.

5. 공급망 확보에 기여하는 로봇

코로나 사태로 전 세계 공급망의 부실함이 드러났다. 로봇 자동화를 넓혀 생산성의 평준화를 실현하면 공급망을 안정적으로 유지할 수 있다.

국제로봇협회가 정한 '2021년 로봇 트렌드 탑5'는 2021년에 한정된 트렌드로 반짝했다가 사그라질 것 같지는 않다. 더 먼 미래에까지 힘을 발휘할 것으로 예상된다. 트렌드 탑5에서 언급한 인공지능, 스마트팩토리, 탄소발자국 등은 미래를 이야기할 때 빼놓을 수 없는 개념들이다. 아직

갈 길이 먼 기술들이다. 시간이 지날수록 더 자주 이야기판에 오를 것이다. 따라서 관련 정보를 꾸준히 수집하며 공부하는 것은 예비 로봇공학자에게 효과적인 준비법이 될 것이다. 로봇을 상품의 관점으로 바라본다면 트렌드를 읽는 것은 더욱 중요하다. 상품은 트렌드를 놓치지 않아야 성공할 가능성이 높다.

특히 예비 로봇공학자에게 '환경'은 반드시 공부해야 할 '필수 과목'이다. 환경은 전 세계적인 관심사이며, 우리나라도 예외가 아니다. 우리 정부는 2050년에 탄소중립을 달성하겠다고 선언했다. 그만큼 환경은 중요한 문제이기에 환경 보호에 강한 의지를 드러낸 것이다. 로봇 분야도 환경을 외면해서는 곤란하다. 정부 정책 때문이 아니다. 지구촌 곳곳이 환경 파괴로 몸살을 앓고 있는 상황 때문이다. 이런 상황에서 로봇이 가진 여러 기능이 인간의 삶을 안전하게 보호해줄 수 있을 것이다.

정부와 지자체가 로봇을 개발하면 생기는 일

2021년 4월, 국토교통부는 경기도 판교제로시티 내 7킬로미터 구간을 자율주행 자동차 시범운행 지구로 선정했다. 두 달 뒤인 6월, 경기도는 시범운행 지구를 오고 갈 무인셔틀과 로봇택시 교통 서비스에 참여할 여객운송 사업자

모집 공고를 냈다. 지원한 여객운송 사업자가 시범운행을 무사히 마치면, 판교제로시티 주민은 자율주행을 하는 무인셔틀과 로봇택시를 이용하며 교통 혜택을 누릴 수 있다.

한국로봇산업진흥원이 공모한 '2021년 서비스 로봇 활용 실증 사업'에서는 경기도 성남시가 선정되었다. 선정 작품은 '자율주행 스마트 도서관 로봇'이다. 성남시는 사업비 3억3,000만 원을 들여 우리나라 최초의 '자율주행 스마트 도서관 로봇'을 개발할 것이라고 선언했다.

자율주행 스마트 도서관 로봇의 데뷔는 2022년 초로 계획되어 있다. 길이 1.8미터, 높이 0.6미터, 폭 1미터의 박스 모양 로봇이 시범운행 구간을 누비며 도서 대출 및 반납 서비스를 제공할 예정이다.

이 로봇은 100권의 책을 싣고 다니다가 지점별로 일정 시간 머물며 도서관 이용자를 만나게 된다. 자율주행 스마트 도서관 로봇의 시범운영 기간은 2024년까지로 잡혀 있다. 성남시 관계자는 시범운영 성과가 만족스러우면 "2030년까지 근린공원, 주택가, 아파트 단지 등 시 전역으로 자율주행 스마트 도서관 로봇 운행을 확대해 나갈 것"이라고 말했다.

위 두 사례를 통해 정부와 지자체가 로봇 개발에 적극적으로 나서고 있음을 알 수 있다. 정부와 지자체의 이러한 움직임은 로봇공학자에게 연구의 동력이 될 수 있다. 그만큼 기회가 늘어난다는 것을 의미하기 때문이다. 로봇을 선보일 기회가 생긴다는 것은 로봇공학자에게 무척 반가운 일이다. 그런데 정부와 지자체는 왜 로봇 개발에 적극적일까? 그들도 로봇 없이는 4차 산업혁명으로 집약되는 미래를 대비할 수 없음을 알고 있기 때문일 것이다.

미래 유망 직업인의
의무

로봇공학자는 유망하다

한국고용정보원은 2018년 2월 〈4차 산업혁명 미래 일자리 전망〉이라는 연구사업 보고서를 공개했다. 이 보고서에서 '4차 산업혁명 시대의 유망 직업 10선'을 소개했다. 그 10개의 직업은 사물인터넷 전문가, 인공지능 전문가, 빅데이터 전문가, 가상현실 전문가, 3D프린팅 전문가, 드론 전문가, 생명공학자, 정보보호 전문가, 응용소프트웨어 개발자, 로봇공학자다.

로봇공학자를 유망 직업으로 뽑은 이유는 다음과 같다.

스마트공장(스마트팩토리)의 확대를 위해 산업용 로봇이 더 필요하며, 인공지능을 적용한 로봇이 교육·판매·엔터테인먼트·개인 서비스에 더 많이 이용될 것임.

　스마트팩토리와 인공지능의 확대는 4차 산업혁명으로 일어날 변화다. 그 변화에 의해 로봇의 필요성이 커질 것이다. 그 필요를 충족시키려면 로봇은 양적으로, 질적으로 모두 성장해야 한다. 결국 로봇공학자의 일이 늘어날 수밖에 없으므로 직업으로서의 '로봇공학자'는 유망하다.

　그런데 10개의 유망 직업을 곰곰 뜯어보면, 대부분 로봇공학자와 연관 있는 직업이라는 사실을 알 수 있다. 생명공학자, 정보보호 전문가를 제외하면, 정도의 차이만 있을 뿐 모두 로봇공학자와 줄이 닿아 있다. 사물인터넷 전문가와 인공지능 전문가는 특히 연관성이 깊다. 이들 직업이 가진 로봇공학자와의 연관성은 '로봇공학자와 함께 일하는 사람들'에서 더 심도 있게 다루고자 한다.

　한편 교육부도 공식 블로그(https://if-blog.tistory.com)에 게재하는 카드 뉴스를 통해 4차 산업혁명 시대의 유망 직업을 소개했다. 2019년 12월 27일 카드 뉴스 "4차 산업혁명 시대 유망 직업은 무엇?"에서 첫 번째로 소개한 직업은 '인공지능 로봇 연구개발자'다. 인공지능 로봇 연구개발자란 로봇이 인공지능으로 사람처럼 생각하고 행동하도록 프로그램을 만들고 알고리즘을 짜는 사람이다. 한국직업정보시스템에서는 '지능로봇 연구개발자'로 소개한다. 직업명에 얽매일 필요는 없다. 로봇 관련 신종 직업은 아직 명칭이 정확하게 정리되지 않은 감이 있다. 중요한 것은 그들이 '하는 일'이다. 인공지능 로봇 연구개발자든 지능로봇 연구개발자든 그들은 로봇을 만드는 로봇공학자다.

저희 팀 막내예요. 기특하죠?

배우 윤여정은 영화 〈미나리〉로 아카데미 여우조연상을 수상하며 세간에 화제가 되었다. 이어서 로봇 광고에서 내레이션을 하며 다시 한 번 이목을 끌었다. 그녀는 목소리 출연으로 광고에서 조연을 맡은 셈이다. 주연은 KT가 개발한 서비스 로봇 '디지코'다.

디지코는 대구광역시에 자리한 메리어트 호텔의 직원이다. 광고 속에서 디지코는 마실 물이 필요한 손님의 방에 생수병을 배달하는 임무를 맡는다. 손님의 룸서비스 요청에 알아서 방을 찾아가는 것이다. 윤여정이 "그래도 몇 호인지는 알려줘야지?" 하고 걱정하자 다른 호텔 종사자가 "알아서 잘해요"라고 답한다. 디지코는 복도에서 마주 오는 카트도 부드럽게 피하고, 엘리베이터도 능숙하게 올라탄다. 그 모습에 윤여정이 감탄한다.

"어머, 신통방통하다, 얘!"

윤여정의 칭찬에 한 여성 종사자가 이렇게 대꾸한다.

"저희 팀 막내예요. 기특하죠!"

디지코는 기특하게도 손님의 방문 앞에 가서 벨까지 누른다. 그리고 문을 열고 나온 손님에게 무사히 생수를 건넨다.

광고에서 보여준 디지코의 활약상을 한 줄로 평가한다면 이렇게 말할 수 있을 것 같다.

"디지코는 알아서 일 잘하고 기특한 막내 사원이다."

만약 로봇 동료가 실수한다면?

광고 속에서 메리어트 호텔의 직원들은 로봇 디지코를 하나의 인격체로 대우하는 듯한 인상을 준다. 팀의 막내로 인정하고 기특하다고 칭찬까지 하는 모습에서 짐작 가능하다.

조직의 구성원을 인정하고 칭찬하고 인격적으로 대하는 문화는 조직 사회를 건강하게 만든다. 그런 문화가 자리 잡은 조직에서는 차별, 직장 따돌림, 업무 몰아주기 같은 직장 내 폭력이 발붙이기 힘들다. 폭력이 없고 인정과 칭찬이 있는 조직은 성장 가능성이 높다. 직장 내 만족도가 높아지기 때문이다. 높은 만족도는 동기유발을 일으켜 조직을 움직이는 원동력이 된다.

그런데 깊이 살펴볼 점이 하나 있다. 디지코의 업무 능력이 의미하는 바다. 디지코는 알아서 맡은 일을 잘해낸다. 동료들도 그런 디지코를, 디지코의 업무 능력을 신뢰한다. 그런데 만약 디지코가 복도에서 사람과 부딪치거나 생수병을 엉뚱한 방에 배달한다면, 그런 사고를 자꾸 되풀이한다면, 그래도 동료들은 디지코를 기특하다고 칭찬할까? 막내로 인정하고 함께 일하려고 할까?

여기서 페퍼의 사례를 되새길 필요가 있다. 페퍼는 손님 응대를 제대로 못해서 서비스 업계에서 퇴출당했다. 생산 중단까지 맞았다. 디지코도 그런 문제와 오류를 자주 일으킨다면 페퍼와 같은 운명을 맞을 수 있다. 사람도 업무 능력에서 신뢰를 잃으면 조직에서 살아남기 힘든 게 현실이다. 로봇이라고 크게 다르지 않을 것이다.

결국 화살은 로봇공학자에게 돌아갈 것이다. 로봇의 운명은 로봇을 만드는 로봇공학자의 손에 달려 있다 해도 지나친 말이 아니다. 툭하면 고장 나고 실수를 저지르는 로봇을 원하는 사람은 없을 것이다. 맡은 바 임무에서 구멍을 내는 것을 용납하지 않는 조직 사회라면 더더욱 그럴 것이다. 로봇공학자의 손길이 로봇과 공존하는 사회를 만든다. 문제투성이 로봇은 사람과 공존하기 힘들다.

미래 사회의 빛과 그림자, 그리고 로봇

교육부 공식 블로그의 한 코너인 '오늘의 작은 교육 정보'에서는 '4차 산업혁명이 가져올 미래 사회 모습 4가지'를 만날 수 있다. 해당 글에서는 미래 사회의 긍정적인 면과 부정적인 면을 모두 다루고 있다.

첫 번째 미래 사회는 인공지능, 빅데이터 등 4차 산업혁명 핵심 기술이 발전하면서 자동화와 지능화가 이루어진 사회다. 이 사회에서는 관련 일자리가 늘어나는 장점이 있지만, 자동화 및 지능화에 따른 산업구조 개편으로 불가피하게 실업 문제가 발생한다는 단점도 있다.

두 번째 미래 사회는 스마트팩토리의 영향으로 사회, 행정, 교육 등의 분야에도 지능화가 이루어진 사회다. 이 사회에서는 데이터가 풍부해지고 습득 속도도 빨라져서 많은 정보를 손쉽게 얻을 수 있다. 그러나 깊은 성찰을 필요로 하는 인문학적 지식이 감소할 우려가 있다. 또한 인공지능 의존도가 높아져서 기억력과 인지능력이 떨어질 위험도 있다.

세 번째 미래 사회는 스마트 장비로 모든 것이 서로 연결되는 '초연결사회'다. 초연결사회에서는 원격교육, 원격진료, 재택근무 등이 일상이 된다. 하지만 바로 이러한 점 때문에 해킹, 사생활 침해 등의 피해에서 자유로울 수 없다.

4차 산업혁명이 가져올 네 번째 사회는 '공유경제'를 실현한 '공유사회'다. 기존 사회경제의 중심 개념은 '소유'였다. 이 중심 개념이 '접속'과 '공유'로 바뀌어 가고 있다. 차량 공유 서비스 우버(Uber)와 숙박 공유 서비스 에어비앤비(Airbnb)는 대표적인 공유경제 모델이다. 이와 같은 공유경제 서비스는 '접속'이 필요한 온라인 기반이다. 또한 대부분 업체와 소비자 사이가 아니라 개인과 개인 사이의 연결로 서비스가 이루어진다. 업체는 개인과 개인을 연결해주는 플랫폼만 깔아줄 따름이다. 따라서 당사자 사이에 문제가 생겼을 경우 책임 소재를 가리거나 보상을 따지기가 곤란해진다.

공유경제 서비스는 기존 산업과 충돌하기도 한다. 우버가 한국에 진출했을 때 택시 업계와 갈등을 빚은 것이 대표적인 사례다. 우버와 비슷한 국내 차량 공유 서비스인 '타다'도 택시 업계와 숱한 다툼을 벌였다. 이와 같은 충돌은 변화의 과정에서 일어나는 필연적 현상이다. 이해 당사자가 소통하며 갈등 해결에 노력하면 사회는 안정되고, 자신의 입장만 고집하면 사회는 혼란스러워진다.

교육부의 해당 글에 '로봇'이란 단어는 등장하지 않는다. 그러나 4가지 미래 사회의 모습은 모두 로봇과 관련이 있다. 로봇은 인공지능이 점점 향상되고 있다. 스마트팩토리뿐만 아니라 공항, 병원, 호텔 등 사회 곳곳에서 사물인터넷을 활용해 능률적으로 일하고 있다. 공유경제에서도 한 축을 담당하는 중이다. 예를 들어 로봇 용접기를 꼽을 수 있다. 용접 자동화 시스템 구축에는 큰 비용이 들어가는데, 현장에서는 로봇 용접기를 공유해 비용을 줄이고 있다.

결국 로봇은 미래의 주역이다. 그러므로 밝은 미래를 이끌어갈 수도 있지만, 교육부가 우려한 어두운 면이 로봇에 의해 드러날 수도 있다. 이는 로봇공학자가 반드시 주목해야 할 점이다. 실업 발생, 인문학의 외면 같은 문제는 이미 앞에서 다룬 바 있다. 해킹이나 사생활 침해 등은 로봇 윤리와 맥락이 닿는다. 공유경제 사회에서는 로봇의 공유도 더욱 활발해질 수 있다. 로봇에 의한 사고, 공유 중 로봇 파손 등에 대해 어떻게 대처할 것인지 지금부터 고민해야 한다.

로봇공학자와 함께
일하는 사람들

수준 높은 로봇을 만들기 위하여

로봇공학자 한재권은 현재 로봇 기술 수준을 나이로 따진다면 한 살이라고 말했다.[*] 그런데 빠르면 10년, 늦어도 20년 안에 로봇과 함께 사는 시대를 맞이할 거라고 전망했다. 그만큼 로봇 기술과 로봇 산업의 발전 속도가 빠르다는 뜻이다.

지금 한 살 수준의 로봇을 만드는 데도 엄청난 공부와 기술과 노력이 필요했다. 그 수고를 덜면서 성과는 더하고자

---

[*] 《리얼 로봇공학자》, 월간 청소년 진로 잡지 MODU 매거진 편집부·박지은, 가나출판사, 2018년

로봇공학자는 협업을 택하는 경우가 많다. 날이 갈수록 협업하는 일은 더 잦아지고 협업자의 폭도 넓어질 듯하다. 로봇 시대가 가까워지면서, 4차 산업혁명 시대가 임박하면서 로봇에 대한 눈높이도 높아졌다. 그 높아진 기준에 맞추려면 협업이 유리하다. 로봇공학자가 아닌 다른 분야 전문가와도 힘을 모으면 수준 높은 로봇을 만드는 데 도움이 된다.

이들 대표적인 전문가로는 인공지능 전문가, 사물인터넷 전문가를 들 수 있다. 그 밖에도 협력하면 좋을 전문가들이 있다. 대부분 4차 산업혁명 시대를 주도할 직업군이다.

빅데이터 전문가

빅데이터 전문가는 한국고용정보원에서 뽑은 '4차 산업혁명 시대의 유망 직업 10선'에 드는 직업 중에 하나이다. 빅데이터 전문가는 데이터를 수집하고, 관리하고, 분석하는 일을 한다. 말 그대로 대규모의 데이터를 다루므로 통계학에 대한 기본 지식은 필수다. 빅데이터 전문가가 수많은 빅데이터를 분석하는 이유는 새로운 점을 발견하고, 미래를 예측하기 위해서다. 지구촌 전체가 갈수록 격동적으로, 동시에 다양하게 변화하고 있다. 변화무쌍한 세상에서 새로운 시각을 창출하는 일, 앞날을 내다보는 일은 매우 가치 있다. 위험과 실패에 대처할 수 있는 힘을 키울 수 있기 때문이다. 그 힘을 주는 빅데이터 전문가는 사회 전반적인 분야에서 활동할 것으로 기대된다.

로봇 분야에서도 빅데이터는 중요하다. 빅데이터 분석은 인공지능 구현의 뿌리가 된다. 단적인 예로 스마트팩토리를 들 수 있다. 스마트팩토리에서는 공장 설비에 사물인터넷 센서를 설치해 데이터를 실시간으로 수집한다. 수집한 정보를 바탕으로 어느 공정에서 불량품이 발생했는지, 이상 징후를 보인 기계는 무엇인지 등을 인공지능 기술로 파악한다.

그런데 사물인터넷 센서가 수집한 정보가 빈약하면 인공지능의 힘도 약할 수밖에 없다. 분석에 쓸 정보가 모자라서 다양한 대처 방안을 세우기가 힘들다. 사물인터넷 센서가 수집한 정보가 쌓이면 빅데이터가 되고, 그때는 사정이 달라진다. 다각도에서 분석이 가능해져서 대처 방안도 다양해진다. 즉 인공지능의 힘이 배가된다.

빅데이터는 최근에 조명받기 시작한 개념이다. 사실 로봇 분야에서는 빅데이터라는 개념을 콕 집어 강조하지 않았을 뿐 오래전부터 데이터를 수집하고, 관리하고, 분석하고 있었다. 중요한 것은 그 일을 로봇공학자가 하고 있었다는 점이다. 데이터를 담당하는 로봇공학자를 '로봇데이터베이스 구축자'라 부르기도 한다. 대규모 데이터를 분석하는 일은 로봇 개발에 꼭 필요한 작업이다. 로봇은 무언가를 '감지'하면, 그 감지한 것을 토대로 '계획'을 세워 '행동'하는데, 방대한 양의 데이터가 없으면 이 세 가지 과정이 매끄러울 수 없다.

로봇도, 빅데이터도 4차 산업혁명의 핵심 기술로 자리매김하면서 둘의 관계가 더 깊어졌다. 로봇공학자와 빅데이터 전문가의 관계도 더욱 끈끈해질 가능성이 높다.

가상현실 전문가

가상현실 전문가 역시 한국고용정보원에서 뽑은 '4차 산업혁명 시대의 유망 직업 10선'에 이름을 올렸다. 미래에 활약이 기대되는 가상현실 전문가는 가상 세계를 창조한다. 가상 세계는 입체적인 그래픽 시스템의 설계로 만들어지므로 컴퓨터 그래픽 프로그램을 익히는 것이 기본이다. 그 밖에 전자공학, 전보통신공학, 전파통신공학, 컴퓨터정보통신공학을 전공하면 도움이 된다. 가상현실은 결국 컴퓨터로 프로그래밍한 세계이므로 소프트웨어 개발이 적성에 맞거나 그런 일에 흥미가 있는 사람이 유리하다.

가상현실 기술은 로봇 개발에도 종종 활용된다. 자율주행 자동차가 알맞은 보기다. 자율주행 자동차는 가상현실에서 시험 자율주행을 하는 경우가 많다. 가상현실 시험 자율주행은 사람을 위험에 빠뜨리지 않으며, 자율주행 자동차 소프트웨어의 결함도 쉽게 찾아낼 수 있는 장점이 있다. 다만 아직까지는 실제 세계와 가상 세계의 간극을 완전히 지우지는 못했다고 한다.

가상현실 기술은 의료 분야에도 쓰인다. 인체 해부, 모의 수술 등의 의료 트레이닝에 가상현실이 기여하고 있다. 물론 의료 로봇에도 도움을 준다. 의사가 수술용 로봇으로 원격 수술을 할 경우 수술 부위에서 느낄 수 있는 촉감을 느끼기 어렵다. 가상현실 시뮬레이션으로 이를 해소할 수 있다.

가상현실 기술은 로봇, 의료 분야 외에도 군사, 교육, 엔터테인먼트 같은 분야에서도 쓰이고 있다. 특히 게임을 필두로 한 엔터테인먼트 분야에서 성장이 두드러질 것으로 예상된다. 가상현실 게임의 대한 대중의 관심이 갈수록 높아지고 있기 때문이다. 놀이공원에서도 가상현실 체험 놀이기구의 인기가 높다고 하니, 근거 없는 예상은 아닌 듯하다.

3D 프린팅 전문가

3D 프린터는 여러 가지 물건을 입체적인 형태로 만들어낸다. 초기에는 딱딱한 물건만 만들어낼 수 있었다. 그런데 2016년 미국의 보스턴 다이내믹스가 3D 프린터로 고체와

액체가 섞여 있는 로봇을 만드는 데 성공했다. 유압의 힘으로, 곧 유압식 액추에이터로 다리 관절을 움직이는 로봇 개를 프린트한 것이다. 배터리와 모터만 빼고 로봇 개의 몸 전체를 3D로 프린터로 창조했다. 로봇 개가 탄생하는 데는 고작 22시간밖에 안 걸렸다. 3D 프린터로 고체와 액체를 한 번에 출력하는 기술을 개발함으로써 이룬 업적이다.

앞서 로봇공학자 공경철이 웨어러블 로봇을 3D 프린터로 5시간 만에 만들었다는 일화를 소개했다. 이와 같이 3D 프린팅 기술은 로봇 제작 시간을 단축시키고, 공정도 간소화시킨다. 따라서 4차 산업혁명 시대가 오면 로봇공학자와 3D 프린팅 전문가의 협력이 더 적극적으로 이루어질 것이 틀림없다.

3D 프린팅 전문가 역시 '4차 산업혁명 시대의 유망 직업 10선'에 속한다. 3D 프린팅 전문가는 고객의 요구에 따라 3D 프린터로 출력을 대신 해주거나 시제품을 만들어주는 사람이다. 3D 프린팅 출력 제품의 특성과 강도를 분석해서 알맞은 재료를 개발하는 '3D 프린팅 소재 개발자'도 3D 프린팅 전문가에 속한다. 컴퓨터공학, 재료공학, 기계공학 등을 공부하면 3D 프린팅 전문가로 진출하는 데 유리하다. 출력 과정에서 제품을 이미지로 구상하는 단계가 들어가기 때문에 디자인 감각이 있으면 큰 도움이 된다.

3D 프린팅 기술은 로봇뿐만 아니라 건축, 항공, 우주 등 무척 광범위하게 적용될 것으로 예측된다. 특히 우주 산업에서 3D 프린팅 기술이 환영받고 있다. 현재 인공위성 부품, 로켓 엔진 등이 3D 프린팅 기술로 만들어지고 있다. 한편 미국항공우주국(NASA)은 달과 화성 표면에 대형 3D 프린터로 유인 기지를 건설하는 연구를 진행하고 있다.

사실상 3D 프린터 자체가 자동화 로봇에 속한다고도 볼 수 있다. 3층짜리 아파트를 6주 만에 뚝딱 세울 정도니, 로봇의 자격이 충분하다. 3D 프린터의 아파트 건설은 산업용 로봇의 강국 독일에서 2020년에 일어난 일이다. 3D 프린터가 고압으로 시멘트를 분사하고, 프로그램대로 차곡차곡 벽면을 쌓으면서 한 번에 아파트를 지어냈다. 밤낮 안 가리고 1초도 안 쉬고 일했다는 뜻이다. 3D 프린터가 한 번에 3층 아파트를 지은 것은 세계 최초의 사건이었다. 그 전까지는 2층이 최고였다. 두바이의 2층 사무실 건물이 왕좌를 내어준 과거의 챔피언이다.

우리나라에서도 3D 프린터에 의한 건축을 시도할 예정이다. 한국건설기술연구원에 따르면 설계는 다 마친 상태라고 한다. 한국건설기술연구원은 안전하고 정확한 무인 시공 자동화를 더욱 촉진하는 것이 바람직하다는 의견을 비쳤다.

로봇 윤리학자

1장 '로봇공학자는 누구인가?'에서 로봇 윤리에 대해 알아보았다. 그 로봇 윤리를 연구하는 사람이 로봇 윤리학자다. '로봇 윤리학자'는 아직 공식적인 직업은 아니다. 하지만 머지않아 생겨날 것으로 예상되며, 로봇이 공존하는 4차 산업혁명 시대에는 더욱 주목받을 것으로 전망된다.

예를 들어, 휴가철 피서지에 많은 사람이 모이면 음주, 싸움, 쓰레기 투기, 불법주차 같은 병폐도 늘어나기 마련이다. 같은 원리로, 로봇 시대에 로봇 수가 많아지면 로봇이 일으키는 문제도 증가한다. 이런 문제들을 해결할 수 있는 방법 중에 하나가 로봇 윤리를 확립하는 것이다. 그 일을 바로 로봇 윤리학자가 한다.

로봇 윤리학자는 로봇이 지켜야 할 행동 규범을 정하고, 로봇이 작동하면서 발생한 결과를 도덕적 관점에서 판단할 기준을 세운다. 또한 로봇공학자에게 로봇을 어떻게 만들어야 하는지 도덕적 가이드라인을 제시한다.

로봇 윤리학자는 로봇공학은 기본이고, 추가로 법학, 윤리학, 인문학에 관한 지식을 갖추어야 한다. 로봇공학을 공부해야 로봇의 행동 원리를 알 수 있고, 법학과 윤리학과 인문학에 대한 소양이 있어야 바른 행동 규범을 정할 수 있다.

로봇 윤리학자가 되는 방법은 무엇일까? 현재로서는 크게 두 가지다. 기존 로봇공학자가 법학, 윤리학, 인문학을 깊이 공부해서 로봇 윤리학자로 활동하는 것이 첫 번째 방법이다. 다른 방법은 법학, 윤리학, 인문학을 전공한 사람이 로봇공학으로 학문 영역을 넓혀 로봇 윤리학자가 되는 것이다. 아직 탄생하지 않은 직업이기에 누구에게나 길은 열려 있다. 관심만 있다면 누구나 도전할 수 있다.

알아두면 쓸모 있는 로봇 상식

안드로이드로봇공학자

안드로이드로봇공학자는 로봇 중에서도 안드로이드(겉으로 볼 때 사람과 흡사한 로봇)를 집중적으로 연구·개발하는 일을 한다. 업무는 기본적으로 통상적인 로봇공학자의 일과 크게 다르지 않다. 다만 사람과 똑 닮은 로봇을 만드는 게 목적이므로 인간에 대한 깊은 이해와 지식을 갖추는 것이 필요하다.

우리나라뿐만 아니라 전 세계적으로 안드로이드의 수준은 아직 낮다. 걷는 것도 어색하고, 표정도 부자연스럽다. 이런 상황이지만 안드로이드로봇공학자의 전망은 밝다. 안드로이드는 전시장, 공항, 상품 매장 등에서 안내 서비스를 할 수 있고, 패션쇼나 연극 같은 공연도 가능하다. 한국의 안드로이드 에버도 오페라 공연으로 주목을 받은 바 있다. 안드로이드의 이런 활동은 대중의 관심을 모은다. 따라서 창의성에 완벽성이 더해진 안드로이드가 개발된다면 더 큰 사랑을 받을 것이다.

거대 로봇의 한판 승부

2017년 10월, 두 거대 로봇이 격투를 벌였다. 미국 대표 '메가보츠'와 일본 대표 '쿠라타스'가 누가 센지 힘겨루기를 벌인 것이다. 진짜 싸움은 아니고, 거대 로봇 격투가 하나의 스포츠로 자리 잡기를 바라는 양국 로봇 기업의 이벤트였다.

메가보츠와 쿠라타스는 둘 다 격투 목적으로 만든 로봇이다. 탑승형 로봇이어서 태권브이처럼 조종사가 올라탄다. 키는 메가보츠가 4.5미터로, 4미터인 쿠라타스보다 조금 크다. 둘은 조종사에 의해 움직이며 3판 양승제로 혈전을 벌였다. 1라운드에서는 쿠라타스가 주먹 한 방으로 메가보츠를 넉다운시켰다. 하지만 메가보츠가 전기톱이라는 비장의 무기로 2라운드와 3라운드를 연거푸 이기며 최종 승자가 되었다.

우리나라에서도 거대 탑승형 로봇을 만든 적이 있다.

2016년 로봇 기업 한국미래기술이 선보인 '메소드'다. 키가 4미터인 메소드는 메가보츠와 쿠라타스보다 뛰어난 점이 있다. 두 발로 걷는 이족보행 거대 로봇이라는 점이다. 메소드와 메가보츠는 바퀴로 움직인다.

탑승형 로봇은 건설 현장, 군사 기지 등에서 쓰임새가 있지만, 실용화는 지지부진하다. 가장 큰 이유는 안전성이다. 크고 육중한 로봇은 아직 잘 걷지 못한다. 자칫 넘어지면 조종사의 안전이 위협받을 수 있으며, 로봇이 파손될 경우 손해도 크다.

초소형 로봇의 활약

마이크로미터, 즉 100만분의 1미터 크기의 로봇이 있다. 이 작은 로봇을 마이크로로봇이라 부른다. 마이크로로봇은 특히 의료 분야에서 활약이 두드러진다. 환자 몸속으로 들어가 내시경 기능을 하거나 혈관을 막는 이물질을 제거하는 등의 일을 하고 있다.

2019년 대구경북과학기술원에서는 항암제를 싣고 체내로 들어가 암세포를 죽인 뒤 스스로 녹아 없어지는 마이크로로봇도 개발했다. 마이크로로봇은 기존 의료 장비들이 접근하지 못하는 깊숙한 곳의 환부까지 접근할 수 있어서 앞으로 더 큰 활약이 기대된다.

마이크로로봇 기술은 우리나라가 일류급이다. 한국마이크로의료로봇연구원의 수장인 박종오 원장도 우리나라의 마이크로로봇 기술이 세계적으로 우위를 점하고 있다고 평했다. 박종오 원장은 세계 최초로 대장내시경로봇, 혈관마이크로로봇 등을 개발한 마이크로로봇계의 일인자다.

로봇 플랫폼

로봇 플랫폼은 하드웨어 플랫폼과 소프트웨어 플랫폼으로 나뉜다. 하드웨어 플랫폼이란 다양한 로봇을 쉽게 구현할 수 있도록 만들어놓은 틀이다. 로봇을 만들려면 부품, 골격 같은 하드웨어와 이 하드웨어를 움직일 소프트웨어가 필요하다. 그런데 하드웨어는 정밀한 설계와 복잡한 계산 과정을 거쳐야 하므로 만들기가 쉽지 않다. 하드웨어 플랫폼이 있으면 완성품 하드웨어를 만드는 수고 없이 소프트웨어를 적용해볼 수 있다. 언제든 여러 가지 소프트웨어를 적용해보는 것이 가능하다. 적용하는 소프트웨어에 따라 용도가 다른 로봇이 탄생한다.

자율주행 로봇을 만드는 회사 '도구공간'의 하드웨어 플랫폼을 예로 들어보자. 도구공간에는 '로브제'라는 자율주행 플랫폼 제품이 있다. 이것은 언뜻 보면 바퀴 달린 상자처럼 생겼다. 하드웨어 플랫폼인 로브제는 어떤 소프트웨

어를 적용하느냐에 따라 방역 로봇도, 탐사 로봇도, 물류운
송 로봇도 된다. 로브제를 구입한 소비자는 소프트웨어로
자신이 원하는 로봇을 만들 수 있는 것이다.

원하는 로봇을 만들 경우 하드웨어 플랫폼은 새로운 하
드웨어와 결합하기도 한다. 다시 로브제를 예로 들면, 로브
제를 활용해 방역 로봇을 만들 경우 소독약품 탱크, 방역
용 노즐 등의 하드웨어를 장착한다. 탐사 로봇은 로브제와
360도 회전 카메라의 결합으로 이루어진다.

소프트웨어 플랫폼이란 한마디로 로봇의 운영체제다. 스
마트폰의 안드로이드나 iOS 같은 운영체제를 떠올리면 된
다. 이들 플랫폼을 통하면 여러 가지 애플리케이션(소프트
웨어)을 편하게 쓸 수 있다. 로봇도 운영체제인 소프트웨어
플랫폼을 통해 다양한 능력을 보인다.

일본 소프트뱅크의 로봇 페퍼를 예로 들어보자. 페퍼는
소프트웨어 플랫폼을 바탕으로 한 로봇이다. 사람의 말을
인식하고, 얼굴을 알아보고, 주인의 말을 기억하고 학습해
서 알맞은 서비스를 추천해주는 능력은 모두 소프트웨어에
서 나온다. 소프트웨어 플랫폼에 여러 가지 소프트웨어를
설치할 수 있어 가능한 일이다.

대표적인 소프트웨어 플랫폼으로는 ROS(Robot Operating
System)와 나오키(NAOqi)가 있다. 특히 ROS는 로봇계의 안

드로이드라는 별명으로 불릴 만큼 소프트웨어 플랫폼의 표준으로 통한다.

로봇세

로봇에게도 세금을 걷어야 한다는 주장이 있다. 정확히는 로봇의 주인이나 로봇을 만든 기업에게 물리자는 주장이다. 로봇은 직접 돈을 낼 수 없으니까.

로봇세가 사람들 입에 오르내리게 된 계기는 유럽의 '로봇 시민법' 때문이다. 2017년 1월 유럽연합(EU)은 로봇에게 '전자 인간'이라는 법적 지위를 부여하기로 결정했다. 이 결정에 따라 로봇 시민법이 제정되었고, 로봇은 시민법에 따라 일정한 권리를 얻게 되었다. 다만 모든 로봇에게 시민법이 적용되는 것은 아니고, 인공지능을 갖춘 수준 높은 로봇에만 적용된다.

유럽연합이 로봇 시민법을 제정한 이유는 로봇 시대에 일어날 문제에 대비하기 위해서다. 인간과 똑같은 권리를 주는 것이 목적이 아니다. 한마디로 윤리적 기준을 제시한 것이다. 로봇은 어디까지나 전자 인간이기 때문에 인격적인 대우는 받되, 인간을 해치거나 인간에게 불복종해서는 안 된다는 것을 규범화한 것이다.

권리가 생기면 의무도 따르는 법. 유럽연합은 로봇 시민법 제정과 더불어 로봇세 도입을 추진했다. 하지만 곧바로 찬반 논쟁이 뜨거워졌다. 논쟁의 불길은 곧 전 세계로 번졌다. 곳곳에서 찬성과 반대의 목소리가 튀어나왔다. 찬성파는 사람도 일해서 돈을 벌면 세금을 내듯 로봇도 노동으로 경제적 가치를 창출하면 세금을 내야 한다고 주장했다. 반대파는 로봇은 인간처럼 권리와 의무를 가질 수 없으므로 세금 부과는 부당하다는 논리를 폈다.

마이크로소프트의 창업자 빌 게이츠는 찬성 쪽에 섰다. 그는 로봇세를 걷어 고령자 직업 교육, 실직자 재취업 교육 등에 써야 한다며 목소리를 높였다. 세계적인 명사인 빌 게이츠의 한마디로 로봇세는 더 크게 화제가 되었다.

국제로봇협회는 반대 의견을 냈다. 로봇세가 기업에 부담을 주어 로봇 개발에 부정적인 영향을 끼친다는 것이 반대 이유였다. 한편 미국 재무장관을 지낸 래리 서머스는 반대 목소리를 내면서 로봇에게 보조금을 주자는 새로운 주장을 폈다. 그는 로봇이 제공하는 서비스로 인간의 삶의 질이 높아지므로 보조금을 주는 것이 마땅하다고 했다.

로봇세 논쟁은 아직 현재진행형이다. 논쟁이 어느 쪽으로 기울든, 어떤 결론이 나든 국가마다 다른 선택을 할 것이다. 이는 국제적 합의가 아니라 각 국가의 세금 정책에 따라 결정할 문제이기 때문이다. 현재 우리나라는 로봇세를 걷을 생각은 없어 보인다. 2016년 국회입법모임에서 인공지능, 기계설비 등에 관해 세금을 물리자는 이야기가 나온 적은 있으나 이후 본격적으로 진행되지 않았다.